Editora Gente

Gabriel Chalita

PEDAGOGIA DO AMOR

A contribuição das histórias universais para a formação de valores das novas gerações

Editora Gente

Editora
Rosely M. Boschini

Assistente editorial
Rosângela Barbosa

Produção
Tiago Cintra Silva

Assistente de produção
Isabela Helou D. Andrade

Design e diagramação
Marcelo Souza Almeida

Capa e ilustrações
Roger Bassetto

Preparação
Elvira Gago

Revisão
Maria Alayde Carvalho
Márcia Melo

Impressão e acabamento
Paulus Gráfica

Rua Pedro Soares de Almeida, 114
São Paulo, SP, CEP 05029-030
Telefax: (11) 3670 2500
Site: www.editoragente.com.br
E-mail: gente@editoragente.com.br

Dados Internacionais de Catalogação na Publicação (CIP)
(Câmara Brasileira do Livro, SP, Brasil)

Chalita, Gabriel
Pedagogia do amor: a contribuição das histórias universais para a formação de valores das novas gerações / Gabriel Chalita — São Paulo : Editora Gente, 2003.

ISBN 85-7312-408-3

1. Educação - Finalidades e objetivos 2. Pedagogia 3. Sala de aula - Direção 4. Valores (Ética) I. Título. II. Título: A contribuição das histórias universais para a formação das novas gerações.

03-5035 CDD-370.114

Índice para catálogo sistemático:

1. Educação em valores : Uso de histórias universais : Metodologia em sala de aula 370.114

"Tem anjos voando neste lugar..."
Iluminando, conduzindo, acolhendo!

Aos meus queridos amigos-irmãos Dom Fernando Figueiredo e padre Marcelo Rossi, que, com profundidade e singeleza, apresentam um Deus menos carrancudo e mais amoroso.

Sumário

Era uma vez...

...um sonho... O sonho de manter acesa a chama vibrante, intensa e colorida da infância. Um tempo marcado pelo encantamento da atmosfera onírica que rege a primeira e mais importante fase de nossas vidas. Uma época singular, rica, pessoal e intransferível. Período que representa uma galáxia em meio a todos os outros milhões de sistemas estelares produzidos pela fértil imaginação infantil. Imaginação livre de preconceitos, de negativismos e de limitações. A pureza, a ousadia e o espírito quase selvagem dos primeiros anos nos marcam de forma indelével por toda a existência... É como se esse período fosse comandado pelo ritmo de um relógio cujos ponteiros marcam só diversão e alegria... Um tempo cujo cheiro, gosto, cor e som continuamos perseguindo, de forma consciente ou inconsciente, por toda a vida.

Muito dessa beleza e dessas qualidades da infância é adquirido e aprimorado por meio das histórias que, quando crianças, ouvimos de nossos familiares – pais, mães, avôs, avós, tios e tias – e professores. Histórias que também chegam por leituras, filmes, desenhos animados, peças de teatro. Sem o passaporte mágico dessas narrativas, é difícil conceber viagens, aventuras, conquistas, temores, medos e receios imaginários fundamentais ao nosso desenvolvimento intelectual e emocional. As histórias nos permitem conhecer e criar mundos fantásticos, repletos dos seres mais extraordinários e das sensações mais diversas... Sem elas, a infância, a adolescência, a juventude e a maturidade estariam condenadas a ocupar um palco sombrio, triste, desprovido de atores verdadeiramente apaixonados.

Por meio da análise de dez histórias especiais – escolhidas pela relevância de seus ensinamentos –, esta obra pretende contribuir para que possamos resgatar em todos nós e, em seqüência, em nossos filhos, alunos e todos os demais aprendizes que cruzem nossos caminhos a amorosidade, a ternura e a pureza predominantes na criança existente em cada um de nós. Uma criança que, com o passar dos anos – e todas as novas exigências que vêm no seu encalço –, vai se tornando um tanto quanto sonolenta, tímida, reclusa e esquecida dos valores nobres que dão a ela a dignidade e a fidelidade aos seus princípios mais básicos: ser feliz e fazer o outro feliz. E, mesmo que não tenha consciência disso, a criança exerce, propaga e, dia a dia, revitaliza esses princípios com seu ânimo radiante.

Mais do que nunca, é preciso dar um novo sentido a esses pequenos seres iluminados que ocupam almas e corações... Crianças interiores que habitam castelos, vales e montanhas edificados quando ainda arquitetávamos sonhos... Meninos e meninas comprometidos apenas em bater a meta diária da felicidade.

Lembremos que estamos vivendo os primeiros anos de um novo milênio, um tempo propício para recomeços, novas tentativas e escolhas. É chegada a hora de assumir o comando dessa embarcação em direção ao futuro. Não podemos esperar que as novas gerações modifiquem o que está errado se não despertarmos para o fato de que cabe a nós, desde já, dar o exemplo. Para isso, nossos pensamentos e ações devem ser um misto de altruísmo, capacidade de doação e amor ao próximo.

Mas como faremos se os valores que deveriam nortear a vida em sociedade parecem cada vez mais esquecidos? Como educar nossas crianças e jovens num tempo em que a aparência vale mais do que a essência e a competição e o individualismo teimam em ditar as regras dos relacionamentos, acabando por minar qualquer possibilidade de companheirismo, de amizade e de amor?

Acreditamos que as dificuldades, os conflitos, as guerras e a intolerância que gradativamente se apoderam do mundo são resultado dessa total inversão de valores que predomina nas sociedades – configurando um tempo em que até mesmo a esperança parece estar mais escassa. Cabe a nós estar conscientes da importância de nosso papel e amparar, reerguer, reavivar os sentimentos, valores e atitudes que poderão renovar a confiança em dias melhores.

Várias são as formas de reconduzir o barco da História na direção mais eficaz do sucesso da aventura humana. Uma delas é lançando um olhar mais atento às grandes histórias, de modo a apreender seus ensinamentos com maior competência.

Neste livro, a proposta é justamente apontar caminhos que tornem essa viagem mais segura, fazendo das histórias um elo permanente e inquebrantável entre a razão e a emoção, determinando o equilíbrio necessário às realizações da vida. Afinal, quem não deseja manter no coração e na mente o enredo mágico das histórias encantadas?

De modo geral, as obras de arte têm como uma de suas peculiaridades a capacidade de romper a barreira do tempo e do espaço, preservando uma impressionante atualidade. Os grandes clássicos da literatura, por exemplo, recebem essa denominação por retratar em suas narrativas as grandes questões universais com a habilidade, o talento e a sensibilidade de seus autores. Artífices da palavra, eles nos deixaram, nas fascinantes histórias que escreveram, belíssimas lições de vida. Textos que nos ensinam, a cada leitura, algo novo e essencial ao nosso crescimento e amadurecimento.

Com maestria, escritores e escritoras constroem tramas e personagens abordando temas que, desde sempre, despertam o interesse, a curiosidade e as emoções mais diversas no homem. Conflitos familiares e amorosos e dramas psicológicos variados expõem as dores, as alegrias, os medos, os anseios, os desejos e as expectativas do ser humano. Emoções vivamente descritas com a genialidade e a perspicácia desses especialistas em observar os mistérios da alma.

Com o auxílio indispensável desses textos, desejamos resgatar aqui alguns dos valores presentes nas obras, salientando a importância de repassá-los a crianças e jovens com quem convivemos em casa ou na escola. Ler essas histórias, atentar para seus ensinamentos e explorá-los da melhor forma possível com as novas gerações é contribuir para a construção de um novo tempo, mais justo e fraterno.

Daremos início à nossa aventura lembrando os valores e as qualidades de uma personagem feminina fundamental para a existência de um clássico que se tornou divisor de águas na literatura universal, *As mil e uma noites,* maravilhosa reunião de histórias orientais de autoria desconhecida. Destacaremos a criatividade e a intensa capacidade de doação da talentosa e sedutora Sherazade – misto de mulher e mito que povoa a imaginação de todos os ouvintes e leitores que já transitaram pelas veredas encantadas dessas noites inesquecíveis...

Noites que, no dizer do escritor argentino Jorge Luis Borges, foram cruciais para fortalecer ainda mais seu amor pela palavra, pela escrita, pela literatura.

É nosso desejo também espalhar sementes que germinem nas terras repletas de magia dos contos de fadas. Para isso, abordaremos os valores presentes em duas histórias maravilhosas que trazem em seu cerne os conceitos indispensáveis do respeito e da humildade: *O patinho feio* e *Cinderela,* textos magistrais cujos frutos são o alimento perfeito para leitores de todas as idades.

Temos a intenção de multiplicar – com todo o respeito e consideração que nutrimos pelo mais famoso dos cavaleiros andantes – os nobres ideais quixotescos tão escassos nos dias de hoje, mas absolutamente necessários aos novos horizontes do amanhã. Horizontes que dependem do idealismo contagiante dos visionários, dos apaixonados, dos pensadores que vislumbram, projetam e executam as grandes transformações.

Como não poderia deixar de ser, o roteiro que traçamos neste passeio pelos valores e pelas histórias prevê, ainda, uma incursão obrigatória pelos textos das Sagradas Escrituras. Até porque a *Bíblia* – livro tão belo quanto fundamental para a compreensão da natureza humana – reúne narrativas de natureza épica, lírica e dramática. Daí termos escolhido discorrer sobre os textos de Davi e Golias e do rei Salomão, destacando, respectivamente, suas lições de coragem e sabedoria.

Outra atração imperdível para viajantes que pretendam cruzar fronteiras em busca de belas histórias é a Grécia, berço da civilização ocidental que deu origem a algumas das mais fascinantes lendas e narrativas de todos os tempos. A história de Damon e Pítias – uma belíssima lição sobre a amizade – e a de Hércules – sobre a importância do trabalho – foram as escolhidas para tornar nossa jornada ainda mais especial.

Desejamos, finalmente, que o encanto dessas narrativas possa tocar a criança mais pura e ancestral de todos os leitores, despertando-a e fazendo com que permaneça acordada para sempre. Uma criança cuja energia transborde o suficiente para que possa encher os corações de festa...

É nosso objetivo que este livro seja útil para pais, mães, professores e todas as pessoas comprometidas com o ato gratificante de formar, informar, transmitir saberes, lições e, principalmente, afeto – esse signo que deveria reger todos os relacionamentos, todas as ações, todos os vínculos. Afeto por se saber parte de algo maior. Afeto por se saber centelha divina e partícula de amor no espaço universal.

Que essa consciência seja uma realidade e um estímulo a todos vocês, companheiros de jornada, colegas de cena nesse teatro fabuloso que é a escola da vida.

Boa leitura!

Gabriel Chalita

Primavera de 2003

Sherazade e o valor do amor

Ainda que eu falasse línguas, as dos homens e a dos anjos
(...) se eu não tivesse amor, eu nada seria.

Primeira Carta de São Paulo aos Coríntios, cap. 13

Algumas considerações sobre o tema

A palavra amor vem do latim *amor*, que quer dizer "amizade, dedicação, afeição, ternura, desejo grande, paixão, objeto amado"[1]. Os registros históricos sobre a evolução gráfica do vocábulo indicam que o termo já aparece grafado como *amur* no século XIV e *aamoor* e *hamor* no século XV.

É, sem sombra de dúvida, uma das palavras mais fascinantes em todos os idiomas, tanto na cultura ocidental quanto na cultura oriental. Até porque, independentemente da língua escolhida, os significados desse termo trazem em seu bojo um caráter vigoroso e múltiplo. O amor é um conceito diverso, repleto de contrastes, antíteses, paradoxos e peculiaridades que o tornam tão singular quanto complexo. Por isso defini-lo é muito mais do que uma simples demonstração de conhecimento lingüístico, é antes de tudo uma empreitada desafiadora. Prova de toda essa variedade de significações e dessa intensa batalha de antíteses presentes numa mesma palavra pode ser evidenciada num pequeno rol de citações que explicita boa parte de sua dinâmica conceitual. Basta lembrar que o amor pode justificar, determinar, agregar, permitir, superar, perdoar, prolongar, solicitar. O amor também condena, absolve, revela, esconde, simula, expõe... O amor orienta, desnorteia, incendeia, esfria, congela, ferve... No amor estão presentes, ao mesmo tempo, os quatro elementos e os cinco sentidos... Por ele se luta, por ele se ganha, por ele se perde, por ele se joga, por ele se brinca, por ele se chora, por ele se vive, por ele se morre... Ele ataca e defende, derruba e sustenta, grita e silencia...

Para que não restem dúvidas sobre suas facetas contraditórias, vamos recorrer aos dizeres geniais do poeta Luís de Camões, que, para muitos, foi o responsável por criar a linguagem do amor em língua portuguesa. É o que expressa o soneto abaixo:

Amor é fogo que arde sem se ver
É ferida que dói e não se sente
É um contentamento descontente
É dor que desatina sem doer

É um não querer, mais que bem querer
É solitário andar por entre a gente
É nunca contentar-se de contente
É cuidar que se ganha em se perder

É querer estar preso por vontade
É servir a quem vence, o vencedor
É ter com quem nos mata lealdade

Mas como causar pode seu favor
Nos corações humanos amizade
Se tão contrário a si é o mesmo amor?

E, já que estamos falando em língua portuguesa, é importante ressaltar que o termo tem numerosas acepções no dicionário, o que permite ao leitor um leque extenso de possibilidades de acordo com o emprego pretendido. Dentre elas, destacamos: "forma de interação psicológica ou psicobiológica entre pessoas, seja por afinidade imanente, seja por formalidade social; atração afetiva ou física que, devido a certa afinidade, um ser manifesta por outro; forte afeição por outra pessoa, nascida de laços de consangüinidade ou de relações sociais; atração baseada no desejo sexual; afeição e ternura sentida por amantes; relação amorosa, aventura amorosa; caso, namoro; atração sexual natural entre as outras espécies animais; o ato sexual;

afeição baseada em admiração, benevolência ou interesses comuns; calorosa amizade; forte afinidade; força agregadora e protetora que sentem os membros dos grupos, familiares ou não, entre si; a pessoa ou a coisa amada ou apreciada; comunhão íntima, coesão com o universo, com ou sem conotação religiosa; Deus como princípio dessa coesão universal; sentimento como de afeição e benevolência paterna atribuído a Deus em relação aos homens; devoção afetuosa devida a Deus por suas criaturas; sentimento de caridade, de compaixão de uma criatura por outra, inspirada pelo sentido de sua relação comum com Deus; devoção de uma pessoa ou um grupo de pessoas por um ideal concreto ou abstrato; interesse, fascínio, entusiasmo, veneração; o objeto de tal interesse ou veneração; demonstração de zelo, dedicação; fidelidade; ambição, cobiça; um deus ou a personificação do amor; cada uma das divindades infantis subordinadas a Vênus e a Cupido; galanteios, expressões amorosas".

A lista de definições ou tentativas de definição é longa. Mas seja na gramática, seja na poesia, seja na etimologia, seja na filosofia, a verdade é que basta estar vivo para saber – de maneira consciente ou inconsciente – que o amor transcende qualquer ciência. Ele nasce, cresce e se multiplica, ocupando espaços maiores ou menores, mas sempre edificados com o que há de mais nobre no espírito e no coração do ser humano.

PARA RECORDAR A HISTÓRIA: *AS MIL E UMA NOITES*

Sherazade é, sem dúvida, a grande dama de As mil e uma noites, *um conjunto de histórias cujos registros não nos permitem conhecer as datas exatas em que foram escritas, tampouco a sua autoria. Os diferentes gêneros que compõem as narrativas – contos, fábulas, lendas, novelas, parábolas, anedotas e aventuras de caráter exótico – bem como a mistura de referências geográficas e culturais existente nas tramas tornam praticamente impossível creditar os textos a um único autor. Nomes, costumes e indicações lingüísticas característicos de países como Índia, Turquia, Irã, Iraque, Egito e até mesmo da Grécia são encontrados nas histórias, reforçando a hipótese da múltipla autoria.*

O registro escrito mais antigo de As mil e uma noites *data do século IX. A coletânea de contos é novamente mencionada no século seguinte, mais precisamente em 987, pelo historiador árabe Al-Masudi. Consta que a expressão* As mil e uma noites *pretendia apenas evidenciar o grande número de histórias reunidas, mas, com o passar dos anos, esse título terminou por estimular que compiladores e tradutores fizessem acréscimos à coletânea, subdividindo os contos e acrescentando outros ao livro.*

A personagem Sherazade, no papel de narradora, é a espinha dorsal que sustenta todos esses fantásticos en-

redos orientais. Ela é detentora dos mistérios, das lendas e tradições que, há milhares de anos, vêm seduzindo leitores e ouvintes de todas as nacionalidades.

Essa história específica relata que o poderoso sultão Shariman, do antigo Oriente, foi vítima da infidelidade da primeira esposa e, por isso, jurou a si mesmo jamais confiar novamente no amor de uma mulher. Dono absoluto do poder em Bagdá, Shariman decidiu que se casaria com uma mulher a cada dia e, após a noite de núpcias, mandaria executá-la ao nascer do Sol. Dessa maneira, imaginava o triste sultão que evitaria novas traições. Muitas foram as jovens escolhidas para desposá-lo. Suas famílias, que não ousavam desobedecer às ordens do soberano, sofriam com o cruel destino imposto às filhas: o amor fugaz e a morte iminente.

Algumas donzelas, aterrorizadas com a possibilidade de ser escolhidas por Shariman, fugiam para lugares distantes. E assim todos os domínios de Bagdá viviam sob o horror da triste e amarga história de seu sultão.

Chegou, enfim, o dia em que o vizir Mustafá, encarregado por Shariman de escolher suas futuras esposas, não encontrou mais nenhuma jovem para levar ao seu senhor. Já era bem tarde quando o vizir entrou em casa, com uma expressão séria no rosto, preocupando suas duas filhas, Sherazade e Deniazade. A mais velha, Sherazade, percebendo a tristeza e o nervosismo do pai, propôs uma solução que resolveria o problema não só do querido pai mas de todo o reino: oferecer-se como esposa ao rancoroso sultão. Mustafá tentou demover a filha dessa idéia arriscada, mas a bela jovem estava determinada a pôr em risco a própria vida para salvar o povo do reino de Bagdá.

A formosa e perspicaz Sherazade consumia seus dias na leitura de histórias, ouvindo, encantada, as mais diversas lendas e contos, instruía-se nas ciências e, além de tudo, era dotada de memória prodigiosa. Sua inteligência, aliada ao mundo mágico desvendado pela leitura, muniu-a do raro e fascinante poder de lidar com as palavras. E era nesse seu poder de sedução que a bela jovem confiava para salvar o reino de tamanha crueldade! A sedução de narrar histórias...

No dia seguinte, Sherazade e o pai seguiram para o esplendoroso palácio de Bagdá para se apresentar ao sultão. Shariman, fascinado pela beleza da jovem, aceitou desposá-la imediatamente. A astuta noiva, no entanto, já fizera seus planos. Na noite de núpcias, conforme havia combinado com sua irmã mais nova, Deniazade chegou aos aposentos do casal chorando e pediu à irmã que lhe contasse uma de suas fantásticas histórias. Sherazade, com voz doce e melodiosa, começou então sua narrativa, prendendo a atenção do sultão e da irmã até o amanhecer. Shariman ouviu-a atentamente, encantado e ansioso pelo final. Ela, no entanto, percebendo o olhar curioso do marido, interrompeu a narrativa no ponto culminante. O sultão decidiu, então, poupar sua vida para que ela pudesse dar continuidade à história na noite seguinte.

Usando o sagaz artifício de emendar uma história na outra, Sherazade vai adiando a data de sua morte sempre para o dia seguinte. E assim, encantando e despertando a curiosidade de seu cruel esposo com suas envolventes narrativas, passaram-se mil e uma noites.

É então que Sherazade, já com a imaginação esgotada de tecer tantas histórias durante aquelas infindáveis noites, se vê diante de Shariman, mas agora ele está perdidamente apaixonado e seduzido.

O nobre sultão, cuja alma sofria encarcerada pelo sentimento de vingança, liberta-se da dor e da tristeza da traição, abolindo o cruel destino das esposas, que aterrorizava todas as famílias de Bagdá.

Sherazade, além de sua extrema beleza, trazia consigo um tesouro oculto: a sedução pela palavra. Um poder que lhe valeu a própria liberdade e a libertação de uma alma, traduzida, neste conto, na transformação do ódio em uma linda história de amor.

Amor: uma ode à vida

A presença de Sherazade é imprescindível neste livro. A personagem simboliza a importância da narrativa, das histórias, do aprendizado, da sedução do discurso e do poder da palavra na vida de todos nós. Durante mil e uma noites, ela exerceu seus talentos, adquiridos e aprimorados por meio de leituras diversas, da paixão, do interesse e do amor pela oralidade de seu povo. Uma oralidade traduzida em lendas, contos fantásticos, histórias maravilhosas que se entranharam na mente e no coração de Sherazade, figura feminina excepcional por sua inteligência, perspicácia e criatividade, algumas das qualidades essenciais à conquista da liberdade humana. Liberdade que nos permite arriscar, sonhar, ousar, mas também nos dá a grande probabilidade de ser bem-sucedidos em nossos empreendimentos, como ocorreu com Sherazade. Uma liberdade que tem como pano de fundo o amor.

Essa ânsia por liberdade, essa sede intensa de viver, esse amor passional e incomensurável pela vida e pelo mundo constituem as principais características dessa personagem marcante. Sua extrema amorosidade, seus dons naturais, sua linguagem encantada e seu jeito envolvente de contar histórias foram desenvolvidos dia após dia, tornando-a imbatível na arte de seduzir por meio do verbo, livre, enfim, para conquistar tudo o que quisesse.

Sherazade traz em si um misto de valores nobres na medida em que sua história nos mostra uma heroína corajosa, solidária, altruísta, autoconfiante, inteligente, criativa, ousada...

Atentemos para o fato de que a protagonista de *As mil e uma noites* não foi escolhida pelo sultão para ser sua esposa. Filha do vizir Mustafá, Sherazade estava livre da sina maldita imputada às moças de Bagdá, que, uma vez escolhidas pelo sultão, deveriam casar-se com ele, viver uma noite de amor e morrer no dia seguinte. Nossa heroína ofereceu-se para ser esposa do sultão confiante em poder seduzi-lo com suas histórias intermináveis. Se a sua estratégia desse certo ela adiaria a própria morte, e em conseqüência a das outras moças do reino, por tempo indeterminado.

Seu ato de amor, coragem e altruísmo constitui um dos gestos mais belos da literatura universal. Sherazade eleva a figura feminina a uma condição de destaque raríssima na cultura oriental, mesmo no terreno da ficção literária. Basta lembrar os protagonistas das histórias narradas pela própria Sherazade. Se nos ativermos às mais conhecidas, como *Aladim e o gênio da lâmpada*, *Ali Babá e os quarenta ladrões* e *Simbá, o marujo*, veremos que as personagens masculinas predominam nos papéis centrais dos enredos.

A história de Sherazade é um exemplo da habilidade, da competência, da amorosidade e do espírito de doação existentes, em maior ou menor grau, em todas as mulheres. Porém ela nos ensina a todos, independentemente do sexo, que o conhecimento apreendido por meio das histórias é fundamental para iluminar os caminhos – muitas vezes tortuosos – de nossas vidas.

A bela e sábia personagem oriental nos ensina também que a rapidez de raciocínio, a criatividade e a capacidade de persuasão e de argumentação são imprescindíveis à resolução de problemas e ao enfrentamento das situações difíceis pelas quais todos passamos na vida.

O corpo, a fala, os gestos, o olhar, o modo como nos expressamos e nos apresentamos ao mundo... Tudo é linguagem, tudo comunica, tudo em nós compõe a história que, dia a dia, escrevemos sem nos dar conta. Somos um complexo e requintado sistema de comunicação que emite sinais e códigos, os quais originam informações variadas aos nossos interlocutores.

Nosso corpo, nossa postura, nosso estilo, nosso modo de ver o mundo e de viver são como palavras, frases e parágrafos que dão ao texto a coesão e a coerência necessárias para que possamos compreendê-lo na íntegra. Se não redigimos o texto de nossas vidas com competência e elegância, estamos condenando nossa história ao desprezo de todos os leitores, ao total esquecimento. O resultado é que nada restará de nós senão rabiscos, garatujas, esboços da grande obra que poderíamos ter sido, que não fomos e que jamais seremos.

Sherazade nos ensina que o que somos, pensamos e vivemos é, na verdade, um misto de todas as nossas experiências acumuladas e (re)elaboradas e o modo como elas nos tocaram desde muito antes de nossa memória consciente. Somos, por extensão, um emaranhado vivo de histórias, tanto as que protagonizamos quanto aquelas a que tivemos acesso como ouvintes ou leitores. Nós nos mesclamos a elas, nos enredamos em suas tramas e, de repente, passamos a ser a fibra forte que compõe o texto (do latim *textum*, que significa "aquilo que foi tecido").

Somos, além de tecido, esponjas. Os sonhos, os exemplos, as sensações captadas nas histórias alheias são, para nós, uma espécie de alimento. Um pão todo especial que nos abastece e possibilita nosso crescimento e sadio desenvolvimento.

Guardadas as proporções, podemos dizer que trazemos na essência um pouco do barro que deu forma à personagem Aladim – ladrão, anti-herói, descrito por Sherazade como um sedutor de astúcia invejável que tira a sorte grande ao encontrar a lâmpada mágica. Nós também nos apropriamos dos bens alheios. Se analisarmos friamente, veremos que, sem pedir licença, tomamos posse das experiências, das histórias e dos conhecimentos com que deparamos em nossa existência. Cleptomaníacos incorrigíveis, vamos enriquecendo, ganhando *status* e nos transformando em objeto cobiçado para outros Aladins.

É isso. Somos um misto de todas as personagens que conhecemos e admiramos. Muitas vezes, precisamos ser ousados, ágeis e destemidos como Simbá, o marujo em suas sete viagens fantásticas, que o levaram a enfrentar gigantes, monstros, serpentes e outras criaturas malignas. Em outras ocasiões precisamos ser impetuosos e sagazes como Ali Babá, que não resistiu à tentação de conhecer o interior da caverna mágica que abrigava os tesouros escondidos pelos famosos quarenta ladrões da época.

Assim é o ciclo interminável das histórias que se misturam e se embaralham, formando um quebra-cabeça gigantesco, desafiador e que vai sendo montado aos poucos, no decorrer da aventura humana.

Precisamos buscar em nosso íntimo a sedução e a habilidade de Sherazade, de modo a transmitir a nossas crianças e jovens a beleza e a riqueza incalculável das histórias. Histórias que nos auxiliam a compor não só nossa própria personagem, enredo e obra, mas, sobretudo, histórias que nos capacitarão, com seus ensinamentos, a ser livres, cartógrafos de nossa própria geografia, escritores de textos imprescindíveis à comunidade, à sociedade, à nação, ao mundo em que vivemos.

Nas histórias encontramos ensinamentos que nos libertam e, ao mesmo tempo, nos habilitam a lutar pela liberdade daqueles que ainda são subjugados por sultões, piratas, ditadores, governantes do mal, prisioneiros de sua extrema ignorância ao não enxergar o real sentido e a verdadeira beleza da vida.

Sherazade é uma multiplicadora de felicidade e, sobretudo, de amor. É uma mulher que liberta a si mesma, liberta as jovens de Bagdá, próximas vítimas do sultão, e liberta ainda seu algoz, Shariman, aprisionado pelas amarras do ódio, da frustração e da mágoa desencadeada pelo desamor e por sua incapacidade de extrair lições de vida das experiências negativas. A musa das histórias orientais ensina que ódio não se combate com ódio, agressividade não se combate com agressividade, violência não se combate com violência... Muito diferentes disso, os instrumentos sugeridos pela princesa para combater as agruras do mal são a ternura, o afeto e a inteligência.

Que Sherazade, essa musa incontestável do amor, do espírito de doação e de entrega, da sedução pela palavra e da libertação, nos alimente com seu amor fraterno, nos inspire e nos dê asas nesse vôo rumo à conquista de novos aprendizes, novos Aladins especiais que ousem se apropriar, multiplicar e compartilhar saberes por meio daquelas que lhes dão a vida, as histórias... Verdadeiras mães que emocionam por seu desprendimento em dividir o que têm de mais valioso com toda a humanidade. Que nós possamos, então, reverenciá-las como se deve.

Damon e Pítias e o valor da amizade

O que é um amigo? Uma única alma habitando dois corpos.

Aristóteles

ALGUMAS CONSIDERAÇÕES SOBRE O TEMA

A palavra amizade vem do latim *amicitia*, que significa "amizade, afeição, simpatia, aliança, pacto". Estudos etimológicos indicam que entre os séculos XII e XV o termo teve os seguintes registros gráficos: *amiçade*, *amizade*, *amyzada*, *amizidade* e *amiizade*.

Dentre as acepções encontradas para o termo, temos: "sentimento de grande afeição, de simpatia (por alguém não necessariamente unido por parentesco ou relacionamento sexual); grande apreço, solidariedade ou perfeito entendimento entre entidades, grupos, instituições etc.; reciprocidade de afeto; aquele que é amigo, companheiro, camarada; relacionamento social; concordância de sentimentos ou posição a respeito de algum fato; acordo, pacto, aliança; apego (de alguns animais) pelo homem; atitude ou gesto de benevolência, de complacência".

Mesmo com todas essas possíveis significações do termo amizade, não podemos esquecer que estamos nos referindo a um conceito abstrato e que, portanto, não é palpável, não é mensurável, não é visível. Para o filósofo grego Aristóteles, a amizade é antes de tudo uma grande virtude. É também o bem mais precioso da vida porque, sem ela, de nada adianta ter poder, dinheiro e sucesso.

No livro *Ética a Nicômaco* – verdadeiro tratado sobre o bem viver escrito pelo filósofo especialmente para que seu filho Nicômaco pudesse conhecer as normas, as condutas e os valores que devem pautar a vida em sociedade –, Aristóteles discorre sobre a amizade e afirma que ela é superior à justiça: "Quando as pessoas são amigas não têm necessidade de justiça, enquanto mesmo quando são justas elas necessitam da amizade; considera-se que a mais autêntica forma de justiça é uma disposição amistosa"[2].

O fato é que a amizade pertence à esfera dos sentimentos e, como tal, pode ser apenas parcialmente explicada ou descrita, até porque, assim como o amor, a paixão, o desejo, a admiração, a solidão, a angústia e o medo, a amizade ultrapassa todas as explicações de caráter racional, matemático, exato. É antes um banquete para o espírito, o coração e as sensações, além de produzir material farto para a prosa, a poesia, o cinema, a música e todas as demais formas de arte.

A literatura – apenas para ficar na seara das letras – é profícua na criação de personagens maravilhosas cujas histórias foram construídas tendo a amizade como pilar de suas aventuras e peripécias ao longo da trama em que estão inseridas. É o caso de Dom Quixote e Sancho Pança, João e Maria, Sherlock Holmes e Watson, Castor e Pólux, Robinson Crusoé e Sexta-Feira e também de Damon e Pítias. Todos são personagens riquíssimas, cuja elaboração cuidadosa permitiu retratar exemplos de amizade tão raros e grandiosos que transcendem a esfera do texto e são capazes de aproximar os leitores do significado real desse sentimento nobre. Cabe a nós – leitores, ouvintes ou espectadores dessas e de outras grandes histórias – descobrir, semear e multiplicar para além da ficção o valor magnânimo desse sentimento, bem como a sensação de plenitude com a qual ele nos presenteia.

Talvez agindo dessa forma possamos comprovar que a amizade é a certeza do porto seguro, do ombro amigo, do abraço forte e do sorriso franco que amenizam dores, derrotas, tristezas, angústias, temores e inseguranças que fragilizam o indivíduo, ao mesmo tempo que oferecem a ele as condições adversas necessárias ao crescimento e ao amadurecimento. Durante esses dois processos dolorosos e contínuos, presença de um amigo representa um bálsamo com o qual é possível cicatrizar todas as feridas e recuperar as forças para seguir adiante.

PARA RECORDAR A HISTÓRIA: *DAMON E PÍTIAS*

De acordo com o filósofo Cícero, considerado o maior orador romano, a história de Damon e Pítias se passou no século IV a.C., em Siracusa, cidade-estado da Sicília. Ainda segundo Cícero, ambos eram seguidores do filósofo Pitágoras.

Damon e Pítias nutriam um pelo outro uma amizade verdadeiramente inabalável. Era um sentimento fraterno que configurava uma singular irmandade, espécie de união e de vínculo espiritual perpétuo que, com o passar do tempo, ganhava intensidade e se solidificava cada vez mais. Possuíam uma ligação tão rara que os tornava, por assim dizer, irmãos de alma, uma característica nem sempre presente nos irmãos de sangue. Sob o signo sagrado desse afeto, Damon e Pítias cresceram juntos e foram, gradativamente, descobrindo as maravilhas e as dificuldades da aventura real da vida. Assim, aprenderam a somar e a compartilhar as alegrias e as tristezas da infância, da adolescência e da idade adulta.

A força e a beleza dessa amizade eram conhecidas e admiradas por todos, até que esse laço que os unia precisou ser posto à prova. Certo dia Dionísio, rei de Siracusa, enfurecido pelos discursos de Pítias – que pregava a liberdade e a igualdade entre os homens em oposição aos regimes tirânicos –, mandou chamá-lo, juntamente com o amigo Damon.

Nesse encontro – mais do que propício ao embate de idéias –, Dionísio questionou Pítias a respeito de seus discursos, alegando que suas palavras só serviam para perturbar a ordem vigente e causar inquietação entre as pessoas. Ao ouvir isso, Pítias retrucou dizendo falar apenas a verdade e não ver mal nenhum em discorrer sobre o que considerava certo. Enfurecido, o rei de Siracusa foi além e perguntou a Pítias, sem meias-palavras, se, dentro da verdade divulgada por ele, os reis teriam poder excessivo e executariam leis contrárias ao bem-estar dos súditos. Pítias admitiu pensar assim, afirmando que, se um rei tomava o poder sem o consentimento do povo, só poderia estar agindo de forma autoritária e avessa aos interesses populares. Por defender seus princípios, Pítias foi, então, acusado de traição e condenado à morte.

Triste, mas corajoso o suficiente para acatar sua sentença, Pítias solicitou ao rei a realização de um último desejo: que lhe permitisse voltar a sua casa para despedir-se da família e concluir alguns assuntos do-

mésticos. O rei relutou, mas, depois de argumentações de ambos os lados, foi convencido por Damon, que, demonstrando total confiança no caráter de Pítias, ofereceu-se para morrer no lugar do amigo caso ele fugisse durante a jornada – hipótese levantada pelo rei.

O fato de manter Damon como prisioneiro no lugar de Pítias convenceu o soberano de Siracusa de que poderia descontar no amigo fiel as "insolências" de Pítias caso este traísse a confiança de Damon e desaparecesse de forma irresponsável e covarde.

Dessa forma, conforme o combinado, Damon foi levado à prisão no lugar de Pítias. À medida que os dias passavam, a guarda do rei e o próprio soberano começaram a escarnecer do prisioneiro, enfatizando o fato de que o dia e a hora da execução estavam se aproximando e Pítias não havia voltado, como prometera. Damon respondia às provocações reafirmando sua confiança no amigo e alegando que deveria ser apenas um atraso, ter acontecido algum imprevisto durante o caminho etc.

O tempo foi passando e, finalmente, chegou o dia marcado para a execução. Damon foi levado à presença de Dionísio e de seu algoz. Mais uma vez, o rei fez questão de lembrar a ausência de seu amigo e o modo como ele o abandonara. Uma vez mais, Damon respondeu que continuava acreditando em Pítias.

No mesmo instante, as portas do recinto se abriram e Pítias entrou. Ele estava visivelmente esgotado, páli-

do, cambaleante, ferido. Ainda assim, o exausto viajante arranjou forças para abraçar Damon e comemorar o fato de tê-lo encontrado com vida, apesar de seu atraso. Emocionado, Pítias explicou que seu navio naufragara durante uma tempestade e que bandidos o haviam atacado na estrada. Apesar de todos esses contratempos e de estar fisicamente debilitado, jamais perdera a esperança de chegar a tempo de salvar o amigo da morte, cumprindo, ele próprio, a sentença determinada pelo rei.

Ao presenciar essa cena, Dionísio foi vencido pela beleza daquele sentimento grandioso que se manifestava de forma comovente diante dos olhos dos presentes. Imediatamente, o rei declarou revogada a sentença, admitindo ter cometido um erro. Era a primeira vez que presenciava evidências de tão elevado grau de amizade, lealdade e fé. Assim, o rei de Siracusa concedeu-lhes a liberdade, solicitando em troca que os dois amigos lhe ensinassem como construir tão sólida amizade.

Amizade: comunhão de almas

Este título resume uma verdade inquestionável: a amizade é um elo capaz de unir as pessoas para sempre, mesmo que elas estejam geograficamente distantes. Um norte apontando caminhos maravilhosos e essenciais às trajetórias mais divergentes. Uma receita sofisticada que privilegia a junção de ingredientes de sabores inigualáveis...

Uma das características mais conhecidas das verdadeiras amizades – difícil de explicar, porém – é a capacidade de propiciar o estabelecimento de conexões entre indivíduos pelas vias enigmáticas do pensamento e pela transmissão contínua de energia. É comum, por exemplo, receber um telefonema, uma carta, uma mensagem, um e-mail ou uma visita inesperada de um amigo no exato instante em que se pensava nele e em como seria bom tê-lo por perto naquele momento.

Não resta dúvida. A amizade pertence ao rol de sentimentos nobres que regem o afeto entre os homens. Ela determina nossa história de vida, na medida em que nos concede a capacidade de ser mais ou menos felizes, de nos sentir muito ou pouco seguros, de nos saber queridos, amados, compreendidos e respeitados em graus máximos ou mínimos. Parafraseando o escritor britânico Oscar Wilde, de fato não há nada neste mundo mais nobre ou raro que uma amizade dedicada.

Há quem considere a amizade superior ao amor passional, uma vez que as rotas e navegações dela são favorecidas por mares freqüentemente mais serenos e equilibrados. Mares adequados para presentear os viajantes com uma paisagem mais convidativa e uma perspectiva mais tranqüila da vida. Já o amor fruto das turbulentas paixões que conduzem a humanidade a excursões inusitadas e, por vezes, perigosas parece estar sempre rumando em meio a tempestades que dão à vida uma atmosfera arriscada e tensa. Esse é o extremo oposto do panorama oferecido pela amizade, que nos leva em direção ao cais, a águas tranqüilas e à firmeza da terra que sustenta, ampara e protege todos os navegantes, suprindo suas necessidades físicas e espirituais.

É possível enumerar várias formas de amor e de amizade, incluindo-se o fato de os dois sentimentos em geral estarem associados. Ambos podem, por exemplo, ocorrer entre membros da mesma família ou entre duas ou mais pessoas sem laços de parentesco, mas cujas afinidades extremadas e sentimentos recíprocos de bem-querer ultrapassam os limites do coleguismo e passam a uma esfera mais elevada.

Além disso, diferentemente do amor, que pode também unir o carnal e o espiritual – estendendo suas fronteiras rumo ao deleite do prazer físico –, não há restrições etárias ao nascimento e ao crescimento majestoso da amizade nos corações humanos. Desde a infância, é possível plantar suas sementes e colher seus frutos, estabelecendo vínculos perenes que, mesmo esmaecidos em nossa consciência, permanecem eternos em nossa memória emotiva. É nessa fase que compartilhamos a pureza infantil e descobertas significativas que fazem dessa época um advento único em nossa história pessoal.

Da infância em diante, passamos a uma espécie de

educação ininterrupta no quesito relacionamento humano. Nós nos dedicamos a um aprendizado que inclui o entendimento dos olhares cúmplices, a linguagem afetuosa, o desejo constante do bem-estar físico e emocional do outro, os gestos solidários nos momentos de dor e tristeza, a felicidade partilhada nas horas alegres... Tudo isso é matéria da amizade, mas ainda é pouco para defini-la. A bem da verdade, a poesia e a retórica carecem de termos apropriados para expressar adequadamente o que é e como se manifesta esse sentimento nas personagens que o vivenciam em sua plenitude.

É preciso admitir que as lacunas são inevitáveis ao explicar fenômenos e acontecimentos que parecem obedecer a ordens, regras e ditames superiores. A amizade é uma dessas ocorrências maravilhosas, impossíveis de analisar com rigor e precisão científica. Resta sentir. Resta abrir o coração... Afinal, todos estão aptos a recebê-las e repassá-las aos demais. Até porque, por mais que os momentos de introspecção e solidão nos sejam caros, ninguém consegue viver todo o tempo sozinho, sem amigos, sem afeto, sem carinho, sem uma companhia para dividir as alegrias e as aflições.

Em casa, no trabalho, na escola, no clube, na rua, na fila do banco, no restaurante... A amizade pode estar à nossa espera em qualquer lugar, basta ficar atento para perceber suas manifestações e cultivá-las com atenção e cuidado. Todos podem construir relações verdadeiramente amistosas, configurando irmandades especialíssimas que dispensam os laços de sangue, as influências genéticas, a hereditariedade, as semelhanças biológicas e, é claro, sociais. A amizade é forte o bastante para unir pessoas de classes, raças e culturas variadas, independentemente de suas origens e crenças. O afeto proveniente da amizade dispensa títulos e brasões de qualquer natureza.

A história de Damon e Pítias revela que a amizade agrega em seu bojo uma série de valores, sentimentos e ações de natureza nobre, como altruísmo, solidariedade, ética, confiança mútua, tolerância, respeito, coragem, amor, afeto e dedicação extremada. Sem essas virtudes, a amizade simplesmente deixa de existir.

Damon e Pítias provam que os laços de afeto podem, muitas vezes, atuar como elemento revolucionário, transformador da realidade e das pessoas que a compõem. Ao final da história dos dois amigos, o rei Dionísio é um ser transformado, por finalmente ter enxergado a nobreza de uma união espiritual, da conjunção entre duas almas que se completam pelas vias fraternais da amizade.

Quem não tem amigos abre espaço para uma existência vazia que, freqüentemente, pode levar a estados psicológicos negativos, como a depressão, a angústia, a ansiedade e a tristeza originadas da solidão extremada. Estados que são conseqüência de almas que se vêem relegadas ao desespero de uma vida pautada por valores construídos sobre alicerces impróprios para sustentar as edificações da felicidade.

Em pleno século XXI, milhões de pessoas sofrem desses males e têm sua vida interior comprometida. São vítimas da incompreensão, da intolerância generalizada e das dificuldades de relacionamento que, paradoxalmente, caracterizam a assim chamada Era da Informação e do Conhecimento. As pessoas se escondem, se refugiam em lares semelhantes a uma prisão, erguem grades que as separam dos vizinhos mais próximos, vivem amedrontadas pela violência, pela superficialidade das relações, pela ausência de ética e pelo excesso de egoísmo, de mentiras e de ambições que ainda configuram as estratégias do jogo social.

Felizmente, crianças e jovens trazem em si a pureza que os impede de nutrir sentimentos negativos. A inocência existente em seus corações permite que perdoem o outro com facilidade. Permite que não guardem rancores e mágoas. Permite que dissipem qualquer resquício de ódio, raiva ou vingança que possa ter se apoderado deles por momentos. São essas as qualidades que devemos procurar manter em seus corações pueris, fazendo com que percebam a grandeza de preservar virtudes como essas durante toda a vida.

Outra boa história, dessa vez protagonizada por brasileiros, também traduz muito bem o significado da amizade. Ela é narrada pelo mestre paraibano Ariano Suassuna em suas famosas aulas-espetáculo, em que o escritor conta "causos" deliciosos a respeito de suas amizades. Um deles tem como personagem o educador Paulo Freire, um amigo queridíssimo de Suassuna. O escritor revela que, certa vez, encontrou Freire num evento e, extremamente saudoso – fazia muito tempo que não se viam –, correu em desabalada carreira para abraçá-lo, e o fez de forma efusiva, festiva e carinhosa. Como era um evento de grande porte, vários fotógrafos e cinegrafistas da imprensa presenciaram o encontro, mas não tiveram tempo suficiente de escolher os melhores ângulos para registrar as imagens espontâneas e comoventes dos dois mestres. Pediram então a Suassuna que repetisse a cena do abraço fraternal. Perplexo com a solicitação, o criador de *O auto da Compadecida* – famoso pelo senso de humor e pela sinceridade – rebateu em seu sotaque inconfundível: "Hómi, onde já se viu? Então será possível *representar* amizade e afeto? Só se eu fosse ator! Como eu não sou, não posso fazer a cena de novo, não. Vocês me desculpem". Nessa oportunidade Suassuna deu uma aula-espetáculo sobre a amizade, sentimento desprovido de qualquer representação, fingimentos e farsas.

Em outras palavras, mestre Suassuna diz que a beleza da amizade reside justamente na sua inteireza, na sua extrema autenticidade, na capacidade de unir duas almas sem nenhum subterfúgio, sem máscaras, sem disfarces nem representações de qualquer natureza. Até porque, para que o amor-amizade se estabeleça realmente, não é necessário dissimular, posar de super-herói, de pessoa imbatível, auto-suficiente, perfeita... A amizade se alimenta apenas da verdade, da sinceridade, do respeito mútuo. A superficialidade não encontra eco nesse sentimento.

Na vida em geral, os critérios para a felicidade são os mesmos. É preciso proceder sempre de forma verdadeira, autêntica, fidedigna. Querer impressionar por meios errados, criando, por exemplo, personagens e assumindo posturas que não correspondem à nossa verdade interior, é se condenar ao fracasso. Em qualquer ocasião, é necessário ser, sobretudo, genuíno e legítimo – como é a amizade.

O amigo ama e pronto. O resto é conseqüência. E conseqüência boa de quem experimenta outros sentimentos que elevam a relação de amizade: ternura, aconchego, compreensão, solidariedade, enfim, felicidade. É o cultivo constante e o cuidado com a delicadeza. É podar e regar, diariamente, para que seja para sempre.

Dom Quixote e o valor do idealismo

Acreditar em algo e não vivê-lo é desonesto.

Mahatma Gandhi

Algumas considerações sobre o tema

A palavra idealismo – termo ao qual podemos atribuir, em grande parte, os sucessos, avanços e conquistas da humanidade ao longo de sua História – vem do francês *idéalisme*, vocábulo utilizado em 1749 para definir um "sistema filosófico que aproxima do pensamento toda existência". Já em 1828, designava "concepção estética na qual se deve buscar a expressão do ideal acima do real" e, em 1863, "atitude que consiste em subordinar o pensamento e a conduta a um ideal".

Os registros etimológicos da palavra indicam que *ideal* vem do latim *idealis*, o mesmo que "ideal, criado no entendimento ou na imaginação". É formada pelo elemento de composição *ide(o)*, do grego *idéas*: "aspecto exterior, aparência, forma; caráter especial, maneira de ser, espécie; princípio geral que serve de base para uma classificação; idéia, forma ideal concebível pelo pensamento, de que cada objeto material é a reprodução imperfeita; concepção abstrata; gênero ou figura de estilo".

Em português, o termo possui diversas acepções: "qualquer teoria filosófica em que o mundo material, objetivo, exterior só pode ser compreendido plenamente a partir de sua verdade espiritual, mental ou subjetiva; no sentido ontológico, doutrina filosófica, cujo exemplo mais conhecido é o *platonismo*, segundo a qual a realidade apresenta uma natureza essencialmente espiritual, sendo a matéria uma manifestação ilusória, aparente, incompleta, ou mera imitação imperfeita de uma matriz original constituída de formas ideais inteligíveis e intangíveis; no sentido gnosiológico, tal como ocorre especialmente no *kantismo*, teoria que considera o sentido e a inteligibilidade de um objeto de conhecimento dependente do sujeito que o compreende, o que torna a realidade cognoscível heterônoma, carente de auto-suficiência, e necessariamente redutível aos termos ou formas ideais que caracterizam a subjetividade humana; no âmbito prático, cujo exemplo mais notório é o da ética kantiana, doutrina que supõe o caráter fundamental dos ideais de conduta como guias da ação humana, a despeito de uma possível ausência de exeqüibilidade integral ou verificabilidade empírica em tais prescrições morais; propensão a idealizar a realidade ou a deixar-se guiar mais por ideais do que por considerações práticas". Em literatura, significa "teoria ou prática que valoriza mais a imaginação do que a cópia fiel da natureza".

Como se vê, as acepções são diversas, mas o fato é que as explicações etimológicas e gramaticais a respeito do termo ainda são insuficientes para traduzir a sua grandiosidade e a sua importância na história peculiar dos indivíduos e, conseqüentemente, na história coletiva originária da reunião dos pequenos e grandes feitos particulares.

É preciso ressaltar que o idealismo é o grande motor das invenções, das descobertas, dos empreendimentos sociais, políticos, econômicos e culturais que possibilitam as mudanças, as realizações dos sonhos, a concretização de desejos acalentados, muitas vezes, por toda uma vida. O idealismo impulsiona o veículo do tempo pela sua infinita e enigmática viagem rumo ao futuro. Falamos de um combustível essencial à experiência humana, na medida em que propicia o conhecimento, a busca de novos desafios e a determinação para ultrapassar as barreiras, sejam elas concretas, sejam abstratas.

Sem exageros, podemos dizer que o idealismo está para a vida como o coração está para o corpo. Enquanto este órgão é o responsável pelo bombeamento de sangue para todos os demais, garantindo o pleno funcionamento da máquina humana, o idealismo, por sua vez, ativa os dispositivos necessários à superação dos limites, permitindo às pessoas o acesso à essência vital que torna os seres humanos tão surpreendentes, imprevisíveis e especiais.

Para recordar a história: *Dom Quixote*

O clássico Dom Quixote, *do escritor espanhol Miguel de Cervantes Saavedra (1547-1616), narra, à maneira das novelas de cavalaria, os feitos do Cavaleiro da Triste Figura, como ficou conhecido o protagonista da trama. O autor, inconformado com o sucesso que essa espécie de gênero literário fazia com o grande público – constituído na maioria de ouvintes analfabetos –, realizou uma das maiores sátiras aos preceitos que regiam as histórias fantasiosas daqueles heróis.*

Cervantes narra a aventura de Dom Quixote de La Mancha, codinome com que se auto-intitula o fidalgo Dom Quesada ou Quixano, homem obcecado pelos princípios dos cavaleiros andantes que resolve sair pelo mundo montado em seu cavalo Rocinante e acompanhado do fiel escudeiro Sancho Pança, vizinho ingênuo que se dispõe a segui-lo em troca de uma possível ilha prometida como pagamento. As peripécias vividas pelos dois fazem dessa obra uma leitura hilariante.

Nessa incursão vertiginosa, misto de realidade e sonho, Dom Quixote trava batalhas com numerosos inimigos imaginários, como os moinhos de vento, que ele julgava serem gigantes. Movido pelo desejo heróico de defender os fracos e oprimidos, Dom Quixote é uma vítima do excesso de devaneios, que o levam para longe da realidade. Assim, sua amada, a doce princesa Dulcinéia del Toboso, nada mais é que a idealização de uma camponesa que, definitivamente, não primava nem pela beleza nem pelos bons modos.

O Cavaleiro da Triste Figura vê castelos onde há apenas modestas acomodações, enxerga belas princesas em camponesas, transforma em saqueadores e ladrões simples viajantes... Juntos, Dom Quixote e Sancho Pança protagonizam situações tragicômicas muitas vezes de uma pungência verdadeiramente comovente. Logo, toda a região ouve falar das enrascadas vivenciadas pela dupla, especialmente dos delírios de Dom Quixote.

Os preceitos das antigas Ordens de Cavalaria, subjacentes à história, são obedecidos pelo herói. Convencido de que era um valente cavaleiro, Dom Quixote passa a combater brutalidades e injustiças sociais, defendendo os mais fracos, como viúvas, crianças e donzelas, e dedicando seus feitos heróicos à dama que elegeu como sua amada.

Miguel de Cervantes, consagrado escritor espanhol, é considerado um dos quatro gênios da literatura ocidental. O criador de Dom Quixote *divide a fama com o grego Homero (século VIII a.C.), o italiano Dante Alighieri (século XIII) e o inglês William Shakespeare (século XVII). Cervantes não realizou estudos regulares. Como soldado, esteve preso na Argélia durante cinco anos. De volta à Espanha, nunca arranjou um emprego decente e, durante toda a sua vida, viveu na pobreza.* Dom Quixote *foi escrito enquanto Cervantes estava na prisão devido a falsas acusações.*

Em maio de 2002, Dom Quixote *foi eleito por uma comissão de críticos literários de várias partes do mundo a melhor obra de ficção de todos os tempos. Considerada, portanto, um dos textos fundamentais da literatura universal, essa obra nos dá a possibilidade de viajar e de nos conectar a um mundo paralelo. Um mundo regido pela força do sonho e do idealismo.*

Quando lemos a história de Dom Quixote, *somos convidados a atravessar uma espécie de portal mágico que nos leva a uma dimensão propícia à realização de nossos desejos mais íntimos e nobres. É como se adentrássemos um reino sutil, cujo governante é um cavaleiro valente e justo. Um cavaleiro verdadeiramente preocupado em cultivar o amor mais puro não só por sua amada idealizada como por toda a massa popular, constituída de uma gente pobre, fraca, oprimida, mas feliz por ter conseguido, finalmente, um protetor à altura de suas necessidades.*

Idealismo:
um passaporte para o bem viver

Como todos os clássicos da literatura universal, a obra de Cervantes pode ser comparada a uma jóia de valor inestimável. Ao escrevê-la, o autor redigiu uma espécie de testamento, beneficiando, ainda em vida, toda a humanidade. Somos, por assim dizer, herdeiros, descendentes e multiplicadores dos conceitos, das aventuras, das glórias e das mazelas descritas pela pena especialíssima do escritor, artista e visionário espanhol.

A genialidade do autor está presente nessa narrativa rebuscada, bem-humorada e extremamente crítica. Temos, nessa obra, uma análise excepcional da História do seu tempo, construída por meio da sátira mordaz de um observador perspicaz, atento, questionador e profundamente inconformado com o que via em redor. As críticas às novelas de cavalaria são, na verdade, uma desculpa para analisar a sociedade da época.

O que poderia ser apenas mais um livro a retratar seu tempo e os costumes de uma época, porém, tornou-se uma obra-prima sobre o amor fraternal de um homem-herói, um homem-poesia consumido pelo desejo de servir ao próximo, de ser valente, de ser capaz de, com a sua força e as suas armas imaginárias, derrotar todo o mal que tentasse se opor à felicidade humana.

Tal qual um espelho de poderes extraordinários, o clássico de Cervantes reflete a dor e a delícia da condição humana, compondo um retrato vívido e multicolorido dos sentimentos, dos prazeres e dos tormentos vivenciados tanto pelos vilões quanto pelos heróis que dividem a cena no palco da vida. Hábil em registrar o contrário de tudo o que se posiciona à sua frente, o espelho de Cervantes revela a dupla face de nossa existência: razão e emoção, utopia e ceticismo, guerra e paz, sonho e realidade, dor e prazer, claro e escuro, matéria e espírito. Essa capacidade – própria dos grandes gênios da humanidade – foi desenvolvida ao máximo pelo criador de *Dom Quixote*.

A genialidade de Cervantes deu aos leitores uma personagem magnífica e encantadora. O Cavaleiro da Triste Figura se revela um louco absolutamente sedutor, que nos arrebata e escraviza. Quando nos damos conta, já nos tornamos – como o fiel escudeiro Sancho Pança – vassalos de seus quereres, bonecos hipnotizados e atraídos pela imensa força magnética originária de sua paixão e de sua obsessão pela felicidade.

Os grandes personagens, na ficção ou na vida real, sempre foram conduzidos pelo idealismo, pelo sonho e pelo desejo de transformar a realidade em algo melhor. Escritores, cientistas, líderes políticos e religiosos, revolucionários de todas as épocas e de todas as causas trazem em seus corações e mentes a *cellula mater* do idealismo.

Sempre à frente de seu tempo, essas personagens geniais são, antes de mais nada, sedutores potenciais. Homens e mulheres cujo brilho nos olhos, energia incomensurável e força impressionante de suas palavras e ações hipnotizaram e atraíram multidões. Multidões compostas de milhões de artífices que abriram novas estradas, derrotaram vilões e plantaram novas sementes. Gente cujo talento foi despertado e desenvolvido graças ao empenho, à dedicação e à visão aguçada do idealista que servia de norte nos momentos em que todos pareciam estar perdidos.

Idealistas são seres visionários, têm alma de poeta e coração gigantesco. São pessoas altruístas e abnegadas a ponto de dar a vida pela defesa de seus ideais. Sua extrema sensibilidade transforma a mediocridade, em qualquer situação, em oportunidade única, visão superior, desafio instigante.

Mesmo os idealistas da ficção, cujo ícone maior é Dom Quixote, são capazes de exercer fascínio semelhante, a ponto de se tornarem uma referência perene. A força do romance de Cervantes é tamanha que o nome de seu protagonista transformou-se no decorrer dos anos num adjetivo que define a maneira de ser daqueles que fazem da mistura do sonho, da utopia e da paixão um estilo próprio e um modo de vida. Esse é o motivo pelo qual o termo "quixotesco" costuma ser empregado quando encontramos alguém ou uma situação que nos lembra Dom Quixote, podendo designar excesso de romantismo e ingenuidade. Pode também ser a alcunha de alguém que se envolve em trapalhadas, característica da personagem da obra de Cervantes.

Como todo grande personagem, Dom Quixote transcende as páginas do livro que narra a sua trajetória, adquirindo vida própria, passando a fazer parte do imaginário coletivo e ganhando amplitude na mente e nos corações de todos aqueles que lêem sua história magistral. Dom Quixote encarna, ao mesmo tempo, os aspectos inocentes, cândidos e delicados, mas também complexos da loucura e da insensatez que podem acometer todos os portadores de sonhos considerados impossíveis, inatingíveis – pelo menos na visão da maioria.

Na literatura brasileira, também temos nosso Quixote. Nosso herói tupiniquim protagoniza o romance *Triste fim de Policarpo Quaresma*, de Lima Barreto. Como Quixote, Quaresma personifica o sonhador extremista, ridicularizado por todos. É, tal qual a personagem de Cervantes, um homem movido a paixão, uma paixão febril, prima-irmã do delírio e mãe da loucura. Quaresma pretendia, com seus sonhos nacionalistas, mudar o idioma oficial do Brasil para o tupi-guarani.

Para ele, tínhamos de honrar nossas raízes, abrindo mão do idioma imposto pelos europeus. Era um patriota devotado e, como Dom Quixote, solitário em sua passionalidade.

Romances à parte, muitos dos que ousam singrar os mares da vida armados apenas de sonhos e de idealismo se descobrem desbravadores, heróis, conquistadores, criadores de novas formas de ver o mundo. Com a mesma paixão de Dom Quixote e de Quaresma, mas munidos de doses mais generosas de razão, suas idéias e ações são responsáveis por mudanças e transformações fundamentais aos destinos humanos.

Muitas vezes tachados de loucos, sobrevivendo com a carga pesada de se saberem ridicularizados, incompreendidos pelos contemporâneos, sofrendo o descrédito absoluto de seus pares, desafiando todas as convenções e subvertendo todas as ordens e dogmas vigentes, eles conseguem, apesar de tudo, vencer... Conseguem, a despeito das dificuldades, mostrar seu valor, impor novas tendências, mudar o rumo dos acontecimentos... A esses seres alados que parecem pairar anos-luz além da visão estreita da maioria, devemos a redação das linhas de nossa História.

Uma História escrita por idealistas... Sonhadores sem os quais não haveria progresso... Sem os quais não haveria ciência... Sem os quais não haveria arte... Apaixonados que fazem de seus sonhos um trampolim coletivo para os sucessos humanos. No caso da personagem de Cervantes, essa capacidade de ação se perdeu porque o Cavaleiro da Triste Figura foi suplantado pela força de suas vontades. Para que tivéssemos acesso às peripécias do louco mais fascinante da história, Cervantes fez o herói de La Mancha cruzar a fronteira que divide sanidade e loucura. Fora da ficção, não veríamos graça em quixotes que realizassem lutas vãs contra moinhos de vento.

Trabalhemos e propaguemos as qualidades que podemos aprimorar com o herói espanhol, essa personagem que Cervantes construiu para simbolizar o idealismo, o sonho de mudar o mundo e o desejo de servir à humanidade levado às últimas conseqüências. A cada aventura pitoresca de Dom Quixote, percebemos como seria magnífico se todos pudéssemos enfrentar as dificuldades, os obstáculos e os desafios da vida com um décimo da altivez, da coragem e da paixão que norteiam as ações do destemido cavaleiro andante.

Quando contamos essa história ou quando sugerimos a leitura da obra para depois discuti-la de forma mais detalhada, temos de procurar destacar sempre a necessidade de ter um sonho e um ideal que nos faça lutar, aprender, superar nossas limitações. Um sonho e um ideal que nos sirvam de passaporte para as conquistas mais difíceis e mais importantes.

A ausência de um ideal na vida condena nossa existência à estagnação, ao tédio e até mesmo à depressão – estado, sintoma e doença que atingem milhões de pessoas em todo o mundo. Quando buscamos algo com todo o nosso coração, abrimos espaço para o aprendizado constante e para o desenvolvimento de talentos e habilidades imprescindíveis ao nosso crescimento emocional e intelectual.

Em *Dom Quixote*, deparamos com um homem bravio em cujo espírito pairava o inconformismo dos grandes lutadores. Um homem que pensava reunir em seu corpo magro e frágil a força hercúlea de um exército. Suas características de louco sonhador, sua batalha perene pelos desvalidos, sua atitude de enfrentar sozinho as adversidades do caminho são um exemplo para todos nós e, principalmente, para as novas gerações, que têm a energia, a força e a disposição características da juventude.

Mais do que nunca, essa juventude tem de estar preparada para lutar contra vilões bem mais complexos que os moinhos de vento. No terceiro milênio, há muitas ameaças reais que demandam a coragem e o idealismo de nobres cavaleiros. Estamos apenas começando uma viagem desconhecida, perigosa e desafiadora. Uma aventura que nos lembra a época das grandes navegações e descobertas. Época em que o Velho Mundo se tornou mais forte e poderoso justamente porque seus homens embarcavam rumo a novos continentes arriscando a própria vida em prol do desenvolvimento, da expansão, das novas rotas de comércio que se estabeleciam após as descobertas realizadas em suas incursões marítimas.

Séculos depois, vivenciamos, cotidianamente, algo parecido com as sensações ambivalentes provocadas por essas viagens paradoxais. Paradoxais porque unem, a um só tempo, o fascínio e o terror pelo desconhecido. Daí a necessidade de idealistas, sonhadores e aventureiros que sigam rompendo barreiras e transpondo os obstáculos deste novo tempo.

Tempo sem precedentes, em que o avanço da ciência e da tecnologia estabelece uma nova dinâmica dos relacionamentos e dos processos, além de viabilizar, com extrema velocidade, a circulação das informações. Os veículos de comunicação de massa e a internet possibilitam o acesso imediato a milhares de notícias, propagando saberes e possibilitando conhecimentos. De repente, temos a impressão de ter quase tudo ao nosso alcance... Mas quais são, efetivamente, as implicações desse fato?

Pela primeira vez na História, fazemos parte de uma era que une o real e o virtual. Um fato com o qual ainda não sabemos lidar e que vem tomando proporções cada vez maiores. Um fenômeno decisivo para a mudança de comportamento e para o surgimento de um sem-número de dúvidas, temores e conflitos psicológicos.

Nesse redemoinho caótico em que estamos inseridos – sugados muitas vezes sem ao menos nos dar conta – deparamos com algumas perguntas que insistem em não querer calar: será mesmo que esse mundo moderno, cada vez mais semelhante às projeções feitas nos filmes de ficção científica, nos permite obter mais preparo para enfrentar problemas, mudanças e imprevistos de toda a ordem? Será que hoje somos mais felizes do que fomos ontem? Será que todo o avanço tecnológico pode substituir o diálogo, a reunião em família, o contato direto entre as pessoas, as amizades e os amores fundamentados no respeito mútuo, na ética, no cumprimento da palavra empenhada?

É verdade que, no passado, não tínhamos acesso a um mundo de coisas que, hoje, consideramos essenciais. Não tínhamos, por exemplo, alguns remédios e vacinas que prolongam a vida humana com qualidade. Não tínhamos a possibilidade de abastecer a despensa sem sair de casa. Não tínhamos, também, as facilidades dos meios de comunicação... Em contrapartida, nossos antepassados desfrutavam da cumplicidade do velho boticário, figura simpática que conhecia toda a clientela pelo nome e tinha sempre à mão um remédio, um ungüento, um chá para qualquer mal-estar. Tinham, ainda, a confiança do dono do armazém e podiam pagar as despesas no fim do mês... Nossos antepassados desfrutaram, também, de domingos poéticos... Domingos sagrados, em que a comunidade se encontrava nas igrejas, nas praças, nos parques de diversão, nos festejos tradicionais de cada região.

Esse "sentimento de domingo", a saudade dos tempos em que o "ser" valia muito mais que o "ter", é magistralmente descrito pela poetisa Adélia Prado no poema "Para comer depois", do livro *Bagagem*:

> Na minha cidade, nos domingos de tarde,
> as pessoas se põem na sombra com faca e laranjas.
> Tomam a fresca e riem do rapaz de bicicleta,
> a campainha desatada, o aro enfeitado de laranjas:
> "Eh bobagem!"
> Daqui a muito progresso tecno-ilógico,
> quando for impossível detectar o domingo
> pelo sumo das laranjas no ar e bicicletas,
> em meu país de memória e sentimento,
> basta fechar os olhos:
> é domingo, é domingo, é domingo.

Na verdade, todas essas modificações da realidade externa parecem estar provocando no interior das pessoas um movimento contrário. Um movimento que promove a desaceleração das idéias, da criatividade, das ações. Um exemplo assustador é o fato de nos comunicarmos cada vez menos. Se é verdade que estreitamos os laços virtuais, isso não pode, nem de longe, ser comparado com o ideal do abraço, do aperto de mão, dos olhos nos olhos.

No estranho mundo das relações virtuais, há aqueles que vão além, tentando um novo tipo de relacionamento amoroso em que o contato se restringe ao dedilhar do teclado e aos sussurros apaixonados que surgem na tela sob a forma de frases, códigos e afins. Às vezes, o final é feliz, como o retratado no filme *Mensagem para você*, protagonizado por Tom Hanks e Meg Ryan. O desfecho positivo ocorre para os que ainda guardam consigo um pouco da herança sonhadora de Cervantes e, por isso, transpõem a fronteira do virtual e optam por firmar contato no mundo real. Esses ainda podem realizar sonhos.

Casos isolados à parte, estamos nos distanciando uns dos outros como nunca. Além das horas de conversa familiar roubadas pela televisão, temos agora outro vilão que também utiliza o monitor. O computador tem feito de nós reféns. Estamos cada vez mais sedentários. Somos privados da delícia que é conhecer novos amigos e apreciar sua companhia.

O novo milênio traz, é certo, numerosas possibilidades de navegação, mas não estamos livres de piratas inescrupulosos, movidos pela ganância de encontrar tesouros, embarcações, ilhas e continentes. Piratas vaidosos, adeptos da competição acirrada que os torna cada vez mais audaciosos em sua sede de poder. Piratas que assumem posições de destaque em todos os setores do cenário social.

Necessitamos de quixotes destemidos para enfrentá-los, derrotando-os com inteligência e criatividade, com habilidade para conduzir negociações que prescindam de armas brancas ou de fogo. Espadas, lanças e canhões têm de ser deixados de lado. Os quixotes do século XXI têm de agir de forma muito diferente dos heróis medievais.

É preciso transmitir às novas gerações os valores essenciais para a vida em sociedade. Valores desprezados pelos piratas que, ao longo da História, saquearam e atemorizaram todos os portos da Terra. Valores que vêm se tornando escassos, valores que vêm se deteriorando por absoluta falta de uso. Diferentemente do protagonista criado por Cervantes, nossos quixotes não podem viver suas aventuras sob o signo da loucura exacerbada, que impõe a falta de discernimento, a irreflexão, o absurdo.

Nossos heróis têm de aprender a desenvolver as qualidades maiores de Dom Quixote. Têm de trazer em seus escudos as insígnias do sonho e do idealismo, associadas aos distintivos que simbolizam a consciência crítica, o respeito às diferenças, a tolerância, a aquisição e a propagação da cidadania. Têm de lutar pelo resgate e pelo fortalecimento dessas virtudes – o que nos levará a uma realidade mais justa e mais fraterna.

Os quixotes do novo tempo têm de correr contra as horas. Devem utilizar os avanços científicos e tecnológicos a seu favor. Têm de assumir o poder, destituir os piratas e reconduzir o barco à rota correta, uma rota que garanta aos beneficiários do testamento de Cervantes um futuro livre da violência, da injustiça, da desigualdade, do desamor, do medo, do isolamento.

Esses novos quixotes têm de contagiar as pessoas com o vírus maravilhoso do sonho, de modo que elas possam aderir às suas empreitadas sem temor. Carecemos de idealistas que lutem, produzam, vibrem... Idealistas que nos conduzam como Gandhi, Martin Luther King e a jovem Joana D'Arc conduziram as massas na construção de novos tempos.

Muitas vezes, o que parece impossível pode se transformar em algo real, palpável, concreto. Afinal, quem prova que Dulcinéia não era uma princesa? Quem imaginava, em meados do século XVIII, um mundo sem escravidão? Quem pensava, na Idade Média, que o conhecimento deixaria de ser privilégio do clero e de alguns poucos nobres da corte? Em outras palavras: o mundo precisa de idealistas que olhem pela janela, vejam as rosas murchas e, ainda assim, fiquem felizes... Felizes porque conseguem enxergar as sementes.

Davi e Golias e o valor da coragem

Você ganha força, coragem e confiança a cada experiência em que enfrenta o medo. Você tem de fazer exatamente aquilo que acha que não consegue.

Eleanor Roosevelt

Algumas considerações sobre o tema

A palavra coragem vem do francês *courage*, que, por sua vez, provém do vocábulo *cœur*, que significa coração. Assim, após o ano 1100, passou a designar "disposição nobre do coração, qualidade espiritual de bravura e tenacidade". O termo registra as seguintes acepções: "moral forte perante o perigo, os riscos; bravura, intrepidez, denodo; firmeza de espírito para enfrentar situação emocionalmente ou moralmente difícil; qualidade de quem tem grandeza de alma, nobreza de caráter, ombridade; determinação no desempenho de uma atividade necessária; zelo, perseverança, tenacidade; capacidade de suportar esforço prolongado; paciência; ousadia; desfaçatez; expressão para infundir ânimo, resistência".

Por essa pequena listagem de significações, já é possível ter uma idéia da importância crucial da coragem na existência humana. Até porque ela está sempre acompanhada de outras virtudes, tão nobres quanto necessárias, como a esperança, a determinação, a ousadia e a paixão, que caracterizam a luta em prol dos sonhos e ideais mais difíceis de ser alcançados.

Munido de coragem, o ser humano está, por assim dizer, capacitado a trilhar qualquer caminho com a dignidade e a perseverança essenciais às grandes trajetórias. Quando há coragem, o espírito é tomado pelo entusiasmo e pela sensação antecipada da vitória, embora nem sempre os corajosos alcancem a vitória no fim de sua jornada. Mas há o recomeço, há o aspecto renovado dos novos desafios, há a confiança ilimitada no amanhã, há a expectativa redobrada em relação à concretização dos desejos mais impossíveis.

Historicamente, a coragem sempre foi valorizada, a ponto de aparecer como virtude-tema de numerosas histórias da literatura universal. Por isso é a qualidade mais evidente nos grandes heróis, sejam eles protagonistas épicos, sejam dramáticos... É um tema sobre o qual se debruçaram vários filósofos, dentre eles Aristóteles, que considerava a coragem uma das virtudes éticas, juntamente com a temperança, a liberalidade, a magnanimidade, a mansidão, a franqueza e a justiça. Para o filósofo Cícero os principais atributos dos corajosos são o desprezo pela morte e o desprezo pela dor.

PARA RECORDAR A HISTÓRIA: *DAVI E GOLIAS*

A história bíblica que vamos narrar consta do Antigo Testamento, que reúne os textos do Pentateuco, dos Livros Históricos, dos Livros Poéticos ou Sapienciais e dos Livros Proféticos. Mundialmente conhecida por sua beleza e pelos valores nobilitantes que traz implícitos, a história de Davi e Golias pertence aos chamados Livros Históricos e localiza-se, mais precisamente, no Primeiro Livro de Samuel. Os Livros Históricos da Bíblia *discorrem, principalmente, sobre a relação do povo eleito de Israel com Deus, enfatizando a fidelidade e condenando a infidelidade à sua palavra e aos seus desígnios, então conhecidos por meio dos profetas, homens sábios, porta-vozes cuja missão era propagar as leis e os ensinamentos divinos.*

Davi era um singelo pastor de ovelhas. Pequeno, franzino e de feições tão delicadas que em nada lembravam as de um guerreiro. Oitavo filho do belemita Jessé, o jovem Davi era, literalmente, o último na escala da preferência paterna, que, à época, costumava recair sobre os herdeiros primogênitos. Todos os indícios faziam crer que o filho caçula de Jessé prosseguiria no ofício de pastor durante toda a vida, levando uma existência pacífica e rotineira. Uma vida sem grandes glórias, derrotas nem sobressaltos de qualquer natureza. Entretanto, Davi contrariou todas as previsões a seu respeito quando, aos 17 anos, foi tomado pelo espírito divino, sendo ungido, na própria casa, pelo profeta Samuel, que recebera de Deus essa incumbência.

Sobre essa passagem bíblica específica, é interessante lembrar as palavras de Deus ao profeta Samuel quando este se deparou com Eliab, irmão mais velho de Davi: "Não te impressiones com a sua aparência nem com a sua grande estatura, não é este que eu quero. Meu olhar não é o dos homens; o homem vê a aparência, o Senhor vê o coração" *(Primeiro Livro de Samuel, cap. 16, v. 7). E assim Samuel foi dispensando, um a um, os filhos de Jessé, até que avistou o último deles, Davi, a quem mandaram chamar como a última opção a ser apresentada ao profeta. Quando o jovem pastor entrou em casa, o Senhor disse ao seu enviado:* "Levanta-te, unge-o: é este!" *(cap. 16, v. 12).*

Naquele tempo, o reinado de Saul estava chegando ao fim. O espírito de Deus já se retirara daquele soberano porque, de acordo com a Bíblia, *o Senhor se arrependera de tê-lo feito rei de Israel. Isso fez com que o rei se tornasse vulnerável às crises depressivas que o acometiam, acompanhadas de acessos freqüentes de insanidade e fúria. Como forma de acalmá-lo nessas ocasiões, seus servos sugeriram chamar um músico exímio na arte de tocar cítara, instrumento que fazia com que o rei se sentisse melhor. Foi então que se lembraram do jovem Davi, sobre quem diziam: "Sabe tocar muito bem: é um homem valente, hábil no combate, fala bem, de bela aparência, e o Senhor está com ele" (cap. 16, v. 18). Foi assim que Davi conquistou a confiança do rei Saul e passou a desfrutar de seu convívio, prestando serviços a ele como músico.*

Nessa época, as cidades de Israel foram ameaçadas pela presença dos filisteus, que mobilizaram suas tropas para a guerra e ocuparam um monte em Efes-Domin. Saul e seus homens ficaram em outro monte, do lado oposto, pondo-se em linha de combate contra os filisteus. Dentre os inimigos, encontrava-se o gigante Golias, soldado de mais de dois metros de altura, conhecido como um campeão na arte do combate. Seu porte físico e seu histórico de guerreiro invencível parecem ter sido razões suficientes para que ele lançasse um desafio às fileiras que compunham o exército de Israel: "Escolhei um dentre vós para me enfrentar numa luta a dois! Se ele conseguir lutar comigo até matar-me, seremos vossos escravos. Mas se eu o vencer e matar então sereis vós os nossos escravos e nos servireis!" (cap. 17, v. 8-10).

Naqueles dias, Davi fora chamado pelo pai, recebendo a missão de levar suprimentos – pães, queijos e grãos torrados – para seus três irmãos mais velhos, que haviam ido para a guerra junto com Saul. Chegando lá, tomou ciência do desafio lançado pelo gigante Golias e, surpreendendo a todos, decidiu aceitá-lo. Ao saber da novidade, o rei Saul mandou buscar Davi, presenteou-o com roupas e armas próprias para a guerra, mas questionou sua atitude: "Não és capaz de enfrentar esse filisteu. Tu és ainda um menino, e ele, um homem de guerra desde a sua juventude" (cap. 17, v. 33). Davi, então, respondeu a Saul: "Teu servo cuidava do rebanho do pai. Quando vinha um leão ou um urso e tomava um carneiro do rebanho, eu os perseguia e matava, tirando-lhes a presa da boca. E, se eles me atacavam, agarrava-os pela goela e os matava a golpes. Assim como teu servo matou leão e urso, assim fará a esse filisteu incircunciso, como se fosse um desses animais, pois se atreveu a insultar as fileiras do Deus vivo" (cap. 17, v. 34-36).

O jovem pastor rejeitou as roupas e armas oferecidas por Saul alegando que não sabia como usá-las por falta de costume e, munido apenas de seu cajado, de uma funda e de cinco pedras lisas, dirigiu-se ao gigante Golias, que o recebeu com sarcasmo e ironias sobre sua aparência quase infantil, sua inexperiência e seu despreparo para a luta.

Quando nos transportamos para esse cenário bélico em que estava o jovem Davi, ficamos tão seduzidos pela trama que, sem nos dar conta, nos pegamos imaginando as emoções possivelmente vivenciadas pelo jovem pastor *nesse instante crucial de sua vida. Em meio a tanto desprezo e descrédito, como estaria se sentindo o filho mais novo de Jessé? Quais seriam seus temores, suas dúvidas e expectativas em relação ao desafio que se dispusera a aceitar? Estaria arrependido? Estaria imaginando o que aconteceria após o fim do combate? Estaria pensado em sua família ou no futuro que teria pela frente em caso de vitória? Estaria amedrontado pela possibilidade de perder a vida no duelo? Os registros bíblicos revelam que Davi demonstrou ter uma fé tão inquebrantável, uma coragem e um destemor tão infinitos que, a despeito das evidências físicas que o tornavam aparentemente inferior ao gigante, o jovem foi hábil o suficiente para, num único golpe, lançar uma pedra certeira na cabeça de Golias. O resultado de tamanha destreza, coragem e ousadia não poderia ser diferente: o gigante caiu derrotado. Aclamado pelos israelitas, Davi foi nomeado chefe da guarda do rei, tornando-se, em seguida, seu genro e, posteriormente, rei de Israel.*

Uma lição de coragem

Alma de poeta, sensibilidade de músico, habilidade de guerreiro... Assim era o rei Davi. Em toda a literatura universal, bem como nos registros bíblicos, poucas personagens conseguiram reunir qualidades tão díspares de forma equilibrada para que fossem eternizadas. É raro que, na tessitura de suas tramas diversas, uma história consiga cerzir o seu enredo de modo a torná-lo especial e duradouro a ponto de atravessar os anos provocando o espanto, a admiração e o respeito de milhões de leitores. Talvez por isso, apesar dos milhares de anos que se passaram, a história bíblica de Davi e Golias prossiga cativando gerações sucessivas.

Em pleno século XXI, essa história ainda exerce uma atração irresistível sobre os que tomam conhecimento da aventura do jovem pastor de rebanhos que, portando apenas uma funda, cinco pedras e coragem, derrotou o gigante Golias e, mais tarde, tornou-se rei de Israel. Lê-la, ouvi-la, debatê-la e interpretá-la constituem exercícios instigantes não apenas para historiadores, pesquisadores e estudiosos das Escrituras Sagradas, mas também para milhões de leigos que, ao longo dos séculos, vêm sendo seduzidos por narrativas que representam a eterna luta do bem contra o mal, do fraco contra o forte, do oprimido contra o opressor.

A magia de uma boa história reside justamente em sua capacidade de arrebatar, de nos transportar para outro tempo e espaço, de nos fazer sonhar, de nos fazer crer que somos capazes de realizar a nossa lenda pessoal de forma tão competente e bem-sucedida quanto suas personagens.

Precisamos sentir que os feitos heróicos dos protagonistas nascem de uma junção milagrosa de emoção e razão, corpo e espírito, masculino e feminino. Precisamos ser tomados pelo seu entusiasmo, pela sua fé, pela sua crença na superação de obstáculos e, sobretudo, pela sua inesgotável coragem na transformação do impossível em possível.

A energia e a bravura de Davi nos transmitem mais confiança e mais segurança no despertar de nossos talentos e potencialidades. Sentimo-nos sob a proteção de uma espécie de couraça imaginária, mas, ao mesmo tempo, forte o bastante para nos tornar imunes aos possíveis ataques de nossos inimigos, sejam eles reais, sejam criados por nossos receios.

Davi, o filho caçula. Davi, o menino franzino. Davi, o jovem pastor. Davi, o guerreiro inexperiente. Davi, o soldado despreparado. Foram muitas as barreiras que Davi encontrou ao longo de sua jornada. Nenhuma delas, entretanto, conseguiu derrotá-lo. Os textos bíblicos contêm muitas histórias que dissertam sobre temas de interesse universal. No caso de Davi e Golias, por exemplo, temos um texto voltado, sobretudo, à propagação de um conceito essencial à vida humana: todos nós, mesmo os aparentemente mais fracos e despreparados, somos legítimos portadores da centelha divina e, assim, podemos vencer qualquer adversário que se interponha em nosso caminho, impedindo-nos de seguir em frente e de crescer.

A autoconfiança, a determinação e, principalmente, a coragem constituem a tríade de sustentação das numerosas qualidades presentes no jovem e hábil Davi – poeta, músico e, ao mesmo tempo, guerreiro dotado da inteligência, da astúcia e da ousadia que caracterizam aqueles que detêm o espírito de liderança necessário às conquistas e às vitórias que pautam a vida dos grandes reis da História. Davi soube fazer de sua vida um exemplo para todos aqueles considerados fracos, desacreditados, despreparados.

Em Davi e Golias temos, na verdade, uma espécie de épico, que narra a guerra entre fortes e fracos. Davi vence a batalha contra o gigante Golias utilizando como armas a coragem, a garra e a determinação próprias dos que lutam contra as injustiças e as desigualdades sociais. Heróis de todos os tempos que não se deixam abater pela descrença alheia, pelo negativismo, pelas adversidades. Soldados do bem que se alimentam e se revigoram com o seu otimismo e a sua vontade de superar desafios.

Esse é um exemplo valioso para as crianças e para a juventude de nossos dias. Davi pode (re)acender nesses jovens a chama da paixão pela vida. É possível seduzi-los para a busca de atitudes proativas, sintonizadas com a força exterior e interior que, mesmo adormecidas, todos possuem. Os heróis, ídolos e mitos de todos os tempos e histórias têm a função de instigar, estimular e incitar o ânimo necessário em quem os admira.

Recordemos que a palavra *herói* vem de uma raiz grega que significa "proteger e servir". E a maior virtude do herói é a disposição de arriscar a própria vida em defesa de uma causa, de um indivíduo ou de pessoas e situações que dependem do seu apoio, da sua força, da sua coragem e da sua personalidade altruísta. É isso. Um herói é movido pela coragem – virtude que nasce de seu imenso amor e de sua extrema dedicação ao próximo.

Ao vencer o soldado Golias, Davi provou ser possível combater o mal ou sua personificação mais imediata com os instrumentos de que dispomos, bastando, para tanto, muita fé, coragem, destreza e habilidade no manejo das ferramentas desenvolvidas pela nossa inteligência para derrotar os gigantes...

A coragem é o contraponto do medo – experiência de caráter paralisante capaz de impedir a ação e de levar ao comodismo. Há que se ressaltar, entretanto, que o medo é um sentimento profundamente humano e natural. A novidade, por exemplo, pode causar medo: um novo projeto, uma nova empreitada, uma nova maneira de ensinar, de agir, de amar. Aquilo que extrapola a esfera do convencional pode provocar temor e acarretar estagnação. É preciso vencer esse sentimento, sob pena de perder a vez de subir no palco e, assim, deixar de experimentar os novos espetáculos, correndo riscos, caindo, levantando, aprendendo.

Todos aqueles que se propõem a voar, a ir além, a

superar as expectativas devem saber que estão sujeitos às intempéries. Mas é preciso enfrentá-las. Caso contrário, passariam toda a existência vivenciando a rotina tacanha de rastejar, de ficar rente ao chão, arrastando-se devagar e sempre e tomando o máximo de cuidado para que nada de imprevisível aconteça. Mas será mesmo para isso que fomos feitos? Para rastejar? Não podemos acreditar nessa hipótese. A coragem permite que alcemos vôos mais altos. A coragem é como um impulso revitalizante, uma locomotiva que nos transporta. Ter coragem é, sobretudo, ter certeza de que a fascinante aventura da vida não perderá os seus mais atrevidos e sedutores momentos.

De acordo com as Sagradas Escrituras, o legado de Davi começou a ser transmitido por ele mesmo quando, prevendo a proximidade de sua morte, deu o seguinte conselho ao filho Salomão: "Vou seguir o caminho de todos os mortais. Sê corajoso e porta-te como um homem!" (Primeiro Livro dos Reis, cap. 2, v. 2). Davi, ao que tudo indica, tinha total consciência da importância da coragem e preocupava-se com a propagação desse valor às próximas gerações.

Vidas secas e o valor da esperança

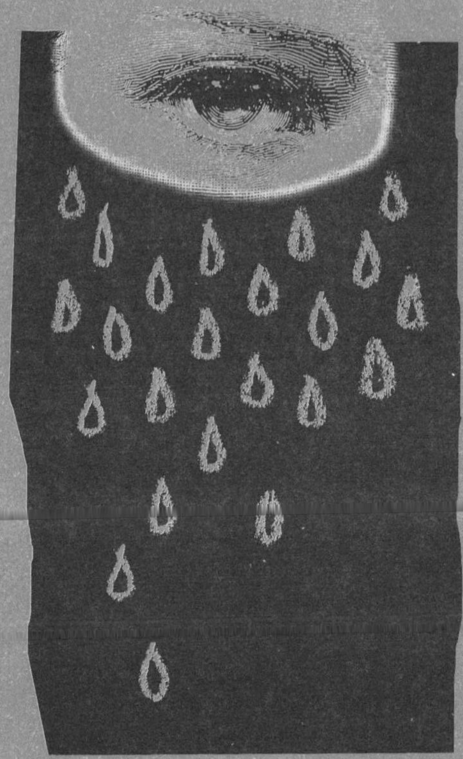

Quem teve a idéia de cortar o tempo em fatias, a que se deu o nome de ano, foi um indivíduo genial. Industrializou a esperança, fazendo-a funcionar no limite da exaustão. Doze meses dão para qualquer ser humano se cansar e entregar os pontos. Aí entra o milagre da renovação e tudo começa outra vez, com outro número e outra vontade de acreditar que daqui para diante vai ser diferente.

Carlos Drummond de Andrade

Algumas considerações sobre o tema

Os estudos relativos à origem da palavra esperança remontam ao vocábulo latino *sperantia*, proveniente de *spes* – termo que teria originado a forma aportuguesada esperança. Com relação às mudanças gráficas sofridas pelo vocábulo ao longo dos séculos, os estudos etimológicos indicam apenas um registro: *asperança*, utilizado no século XIII.

No *Dicionário Houaiss da língua portuguesa*, há as seguintes acepções: "sentimento de quem vê como possível a realização daquilo que deseja; confiança em coisa boa; fé; a segunda das três virtudes básicas do cristão, ao lado da fé e da caridade (representa-se por uma âncora); expectativa, espera; aquilo ou aquele de que se espera algo, em que se deposita a expectativa; promessa; algo que não passa de uma ilusão; designação comum aos insetos ortópteros da família dos tetigoniídeos, especialmente aqueles que apresentam coloração verde".

A maioria das definições do termo leva a crer que a esperança está profundamente ligada ao instinto de preservação e à sobrevivência física e psicológica da espécie humana. A âncora, figura com a qual a esperança é associada na doutrina cristã, simboliza justamente o porto seguro, o suporte, a segurança, o abrigo e o caminho de volta, elementos que contribuem para que o indivíduo tenha uma sensação de proteção, de acolhimento, de aconchego e de conforto inigualáveis, mesmo nos momentos mais difíceis.

Filosoficamente, a esperança é vista como uma das emoções essenciais do espírito humano. É ela que mantém acesas as crenças mais fundamentais que permitem ao indivíduo desenvolver, aprimorar e executar seus dons e talentos em direção à realização de seus sonhos e ideais. Assim, é possível considerá-la a base sólida em que foram, são e serão estruturadas as grandes edificações, espirituais e materiais, projetadas pelo homem ao longo de sua história.

Dito de outra forma, a esperança representa um componente imprescindível tanto nas corriqueiras lutas cotidianas quanto nas imponentes batalhas que o ser humano trava no decorrer de sua existência. Ela é, assim, um valioso antídoto que dignifica, revigora, fortalece e prepara para o enfrentamento de novos desafios.

PARA RECORDAR A HISTÓRIA: *VIDAS SECAS*

O mais conhecido de todos os livros de Graciliano Ramos, o romance Vidas secas *foi publicado em 1938 e, desde essa data, tem sido reeditado com sucesso estrondoso, tornando-se uma das obras mais bem-sucedidas da literatura nacional. O autor nasceu em 1892, em Quebrângulo, estado de Alagoas, onde passou a infância e parte da adolescência. Já adulto, morou algum tempo no Rio de Janeiro, onde foi revisor e redator dos jornais* Correio da Manhã *e* A Tarde. *Ao voltar para o Nordeste, novamente adota o jornalismo como profissão e começa a realizar incursões pela política. Entre 1928 e 1930, foi prefeito de Palmeira dos Índios. De 1930 a 1936 estabelece-se na capital do estado, Maceió, dirigindo a Imprensa e a Instrução do Estado de Alagoas. Nesse período, publicou seu primeiro romance,* Caetés. *Em 1936, acusado de subversivo e comunista, passa dez meses na prisão, saindo em janeiro de 1937. Essa experiência renderá, anos mais tarde, um fruto literário,* Memórias do cárcere. *Em 1945, Graciliano Ramos filia-se ao Partido Comunista Brasileiro e, em 1952, viaja para a*

Rússia e outros países comunistas. O relato dessa época é descrito no livro póstumo Viagem, *de 1954. Em 1953, morre no Rio de Janeiro, vítima de câncer.*

Em coluna publicada na revista O Cruzeiro, *em 1944, Graciliano Ramos explica como nasceu o romance* Vidas secas*: "No começo de 1937 utilizei num conto a lembrança de um cachorro sacrificado na Maniçoba, interior de Pernambuco, há muitos anos. Transformei o velho Pedro Ferro, meu avô, no vaqueiro Fabiano; minha avó tomou a figura de Sinhá Vitória, meus tios pequenos, machos e fêmeas, reduziram-se a dois meninos".*

O título do livro de Graciliano Ramos é bastante elucidativo de seu conteúdo: Vidas secas *é um dos textos mais belos e pungentes da literatura brasileira, abordando a trajetória penosa de uma família nordestina totalmente brutalizada pelo destino de fome, sofrimento e humilhação devido tanto à aridez do sertão quanto à ignorância e à miséria provenientes da condição social opressora em que vive.*

As personagens Fabiano – vaqueiro praticamente predestinado pelas sinas semelhantes de seu pai e de seu avô –, Sinhá Vitória, o menino mais velho, o menino mais novo e a cachorra Baleia são os protagonistas de uma história marcada pelos dramas, conflitos e sonhos que pontuam a existência dos retirantes/refugiados/explorados que habitam os rincões daquela região. O traço regionalista da obra, entretanto, não impede sua universalidade, na medida em que ela versa sobre os infortúnios da pobreza, da ausência de perspectivas, da subserviência e de todas as agruras que determinam a saga dos que vivem à margem, independentemente do lugar (país ou continente) onde habitam. A indeterminação do tempo e do espaço na narrativa acentua ainda mais essa característica. Embora o autor crie com mestria um panorama geral do Nordeste brasileiro, ele opta por ocultar as referências sobre a localização precisa – cidade, estado – onde o enredo se desenvolve.

Composto de treze capítulos, o livro tem início com a descrição da chegada da família a uma fazenda abandonada, logo após uma viagem extenuante pela caatinga. Os dois adultos, as duas crianças e o cachorro surgem quase mortos de fome e de sede, completando o quadro da paisagem desoladora. Sem alternativas, acabam se instalando no lugar e sonhando com tempos melhores, com uma alimentação adequada, com a chuva capaz de trazer o renascimento, com um futuro diferente para os pequenos... No último capítulo, denominado "Fuga", a família foge para o Sul, tentando escapar do fantasma da seca para sempre. Entre os capítulos 2 e 12, a família descobre que a fazenda tem um dono. Fabiano começa a trabalhar para ele. Assim, o pequeno grupo de protagonistas abandona pelo menos por um tempo a fase nômade, mas, se prestarmos atenção no título do primeiro capítulo, "Mudança", e no do últi-

mo, "Fuga", veremos que o círculo vicioso se mantém atavicamente nessa família-símbolo de uma região.

É nesse momento mais estável que Fabiano, mesmo com extrema dificuldade de se comunicar e de expressar idéias e sentimentos, tenta, na medida do possível, cuidar da mulher, dos filhos, dos animais domésticos, da fazenda, enfim. Mas essas circunstâncias são freqüentemente entrecortadas pela raiva e pela revolta que o acometem por se saber empregado, capacho, ignorante, desprovido de ferramentas que lhe dêem o mínimo de autonomia.

Esse aspecto de sua personalidade é magistralmente explorado na trama quando Fabiano tem de ir à feira da cidade fazer compras. Desconfiado, acredita que todos querem levar vantagem sobre ele, roubando nas contas e oferecendo produtos de má qualidade por preços exorbitantes. Nesse momento aparece o "soldado amarelo", que o convida para jogar cartas. Fabiano, temendo arranjar problemas com um representante do poder instituído, aceita. No fim, Fabiano perde, tenta ir embora, mas é provocado pelo soldado, que termina por prendê-lo. Na cadeia, Fabiano apanha e passa a noite preocupado com a mulher e os filhos, que não sabem de seu paradeiro.

Na rotina da casa, Sinhá Vitória passa a vida sonhando com uma cama – objeto de consumo sofisticado demais para os rendimentos parcos da família. Assim como

Fabiano, ela é incapaz de estabelecer um diálogo com os dois filhos, abortando as tentativas feitas pelas crianças com xingamentos, grunhidos e cocorotes. É o que ocorre, por exemplo, quando o filho mais velho, esboçando uma semente de curiosidade e de inteligência, decide lhe perguntar o que quer dizer a palavra inferno.

O menino mais novo, por sua vez, sonha em crescer logo para poder imitar o pai, por quem nutre enorme admiração. Deseja montar a cavalo, fumar cigarro de palha, usar facão na cintura, tornar-se vaqueiro... O mundo adulto de um sertanejo o seduz. Entretanto, sua tentativa de aproximar-se dessa figura idealizada o faz montar num bode, que o derruba e o enche de coices, para seu desgosto, vergonha e deleite de seu irmão mais velho, que se diverte com a situação.

Outro exemplo da total falta de comunicação entre os membros da família é descrito no capítulo 7, denominado "Inverno". Certa noite, como as crianças passassem frio, Fabiano experimenta contar histórias para que elas se distraiam. Mas ele fracassa. Não consegue articular uma narrativa por absoluta ausência de intimidade com as palavras, com as idéias, com o diálogo. Uma vez mais, não há transmissão nem recepção de mensagem.

A cachorra Baleia parece ser a figura mais humanizada do romance: é expansiva, brincalhona e sagaz. Parceira de todas as horas. O animal chega a salvar a vida da família quando faz uma caçada bem-sucedida na mata e aparece trazendo um preá entre os dentes. Naquele momento de fome extremada, o alimento conquistado pela competente Baleia permite a sobrevivência de todos.

É dramático e comovente o capítulo em que a cachorra fica doente e Fabiano tem de sacrificá-la. Para a crítica especializada, essas são algumas das páginas mais belas da literatura de Graciliano Ramos. As percepções, visões e alucinações da cachorra em seus minutos finais são descritas com habilidade de gênio.

Do começo ao fim da narrativa, o fio condutor do livro é a sequidão generalizada – da terra, da vida e das personagens –, confirmada pelas criaturas que povoam o texto e dão a ele o seu caráter grandioso. Mas Graciliano Ramos não as condena. Ao contrário, absolve-as e presenteia-as com a oportunidade de um recomeço e a certeza de que, muitas vezes, só a esperança pode assegurar a vida e a confiança em novos amanhãs. O término da obra representa uma nova tentativa de deixar o passado enterrado no solo rachado do sertão e sair em busca de sementes que garantam o plantio contínuo do futuro.

ESPERANÇA: CONVITE PARA O AMANHÃ

"O sertanejo é, antes de tudo, um forte." A célebre frase de Euclides da Cunha, presente no clássico *Os sertões*, define, de forma magistral, os homens e as mulheres do Agreste brasileiro, um povo cuja sina é lutar contra a seca, a fome e a miséria que assolam a região quase inóspita em que vivem, ou melhor, sobrevivem. Esse povo, frágil na aparência e forte na essência, parece já ter impregnado sua genética heróica das características imprescindíveis à batalha diária a que é submetido.

Ele transmite, a cada geração, o gene indestrutível da esperança, da crença em dias melhores, da sede insaciável de viver, do amor incomensurável pela terra... Um amor que transcende as numerosas barreiras impostas pela natureza e pela ambição desmedida de homens que há séculos tiram proveito das condições daquela região carente de recursos e de compaixão. Esses coronéis do século XXI possuem a mesma insensibilidade à dor e ao desespero alheios de seus antepassados. Essas autoridades do mal se gabam de tirar proveito da miséria e da ingenuidade daqueles a quem deveriam servir e auxiliar.

Malabaristas da vida, esse povo subjugado vive seu dia-a-dia tentando se equilibrar no caminho tortuoso alinhavado em ziguezague pelo destino. Sua persistência, sua coragem e sua fé na realização dessa travessia de forma vitoriosa constituem um exemplo para as novas gerações. Um exemplo para todos os que se abalam sem antes lutar. Um exemplo para todos os que consideram difíceis e intransponíveis as barreiras de sua existência.

Contraponto do desânimo e da apatia, o sertanejo é mesmo um forte, um obstinado que teima, resiste, agarra-se às menores possibilidades de suplantar as adversidades em sua trajetória. Os sertanejos são como magos, feiticeiros do bem, bruxos habilidosos que passam a vida inventando poções e fórmulas que os preparem para a saga da rotina causticante de semear um futuro incerto, um futuro que parece reticente em cair do céu. Um futuro sonhado em forma de chuva que faria mais verdejantes os seus horizontes.

Já as mulheres do sertão, e mesmo as que moram na roça ou na periferia das grandes cidades, são como sacerdotisas de uma ordem extremamente rígida, que exige lágrimas diárias como prova de fidelidade e devoção. Na Região Nordeste, o ritual das lágrimas se prolonga numa espécie de comoção coletiva. As mulheres se juntam para rezar o rosário e entoar cânticos, louvores e promessas feitas em uníssono. E assim, gradativamente, vêem o chão se molhar não com as esperadas gotas de chuva, mas com as lágrimas que traduzem emoção e esperança. Mulheres que trazem na face as linhas precoces de um tempo vincado. Um tempo que parece se antecipar aos anos, tamanha a pressa e a volúpia de se instalar, de se fazer presente de forma escancarada...

Como na parábola evangélica, as mulheres vitimadas pela pobreza sonham realizar, diariamente, o milagre da multiplicação dos pães. Crédulas, rezam para que os grãos escassos existentes na única panela possam alimentar toda a família, geralmente numerosa. Vidas secas sustentadas pela esperança. Vidas secas que se mantêm pela fé. Vidas secas que fazem do cotidiano um exercício constante de paciência. Vidas secas que jamais se entregam.

Talvez essas características guerreiras tenham sido aprendidas e aprimoradas nas trincheiras organizadas por Antônio Conselheiro, líder popular eternizado nas páginas dos livros de História e nas do romance euclidiano. Profeta mítico que comandou a revolta do povo de Canudos contra o governo republicano.

Herdeiras ou não do exército do Conselheiro, a força, a garra e a determinação dessa gente brava têm servido como exemplo e como fonte de inspiração para escritores, cantores, pintores, cineastas e artistas de diversas áreas que, sensibilizados e apaixonados pelo tema, expõem, em sua arte, o retrato particular e universal do Nordeste brasileiro. Assim fez o romancista Graciliano Ramos, um nordestino de corpo e alma calejado pelas dificuldades da vida no sertão e, como poucos, apto a descrevê-la de forma contundente e arrebatadora.

Mestre Graça, como era chamado pelos amigos, foi também um sobrevivente, um homem marcado pelo racionalismo que cultivava, lá no fundo, a semente da esperança. A esperança de transformar sua dor em obra de arte. A esperança de obter, por meio do texto, a redenção de seus sofrimentos. A redenção dos infortúnios das suas personagens. Muitas vezes protagonista de sua literatura, no livro de memórias *Infância*, de 1945, o autor revela: "Um dia faltou água em casa. Tive sede e recomendaram-me paciência".

Para manter-se firme, apesar das tristezas da vida, o pequeno sertanejo Graciliano teve de cultivar a força interior. Menino de saúde debilitada, Graciliano foi acometido por uma doença nos olhos que causava a inflamação das pálpebras, fazendo com que permanecessem coladas. O fato retardou o ingresso do escritor na escola e motivou a ironia da própria família. A mãe de Graciliano não era exceção. Não raro o chamava de "cabra-cega" e "bezerro encourado", que, no linguajar típico da região, era o mesmo que "intruso".

O pai, um comerciante de modos rudes, também não lhe oferecia demonstrações de afeto. O dramático conto "O cinturão" – que narra uma surra injusta do menino Graciliano devido ao suposto desaparecimento de um cinturão do pai, que, mesmo depois de ter percebido seu engano, não pediu desculpas ao filho – nos dá uma mostra de como foi dura a infância do autor de *Vidas secas*.

Nada disso, entretanto, foi suficiente para inibir a genialidade do escritor, aflorada quando se aproximava da adolescência, com o auxílio de professores e amigos mentores. O resultado é que o Brasil e o mundo ganharam um escritor ímpar, especialista na arte de captar a essência de seus semelhantes, dando-lhes vida através de sua pena. Nada escapava à observação de mestre Graça. Em *Vidas secas*, sua prosa precisa, limpa e extremamente habilidosa nos revela um mundo tórrido, escaldante, repleto de ossadas, de açudes secos e, acima de tudo, de personagens esperançosos... Protagonistas que partem errantes à procura de paisagens e chuvas que lhes concedam o direito de sonhar, de prosseguir... São Fabianos, sinhás Vitórias e Baleias ávidos pelo verde, pelo gado gordo, pela plantação, pelo barulho da chuva, pelo inverno salvador.

Em cada linha desse romance – o mais conhecido do autor – surge a esperança explícita que alimenta e vai postergando a morte dos retirantes famintos e sedentos descritos na obra. As vidas secas descritas por Graciliano nos deixam ansiosos por paisagens verdejantes, floridas, emolduradas por arco-íris e impregnadas pelo cheiro de terra molhada. Sinais de renovação da vida, de renascimento, de esperança... É a contribuição do artista para o mundo mesmo que, para isso, ele tenha se debruçado sobre realidades marcadas pelo contraponto dessa paisagem revitalizadora.

Na época em que vivemos, cada vez mais é preciso semear esperança, sob pena de nos tornarmos áridos, duros e ressequidos como o chão e como algumas almas descritas nas obras de Graciliano. Sem esperança, torna-se inviável viver, como bem esclarece a belíssima explicação mitológica extraída do mito de Pandora. Recordemos que, de acordo com a narrativa fabulosa, a curiosidade de Pandora – mulher criada pelos deuses, portadora de rara beleza e numerosos dons – fez com que ela abrisse uma caixa destinada a Prometeu, de onde escaparam todos os males da humanidade. O que nos salva é que, entre eles, para servir de ponto de equilíbrio, estava também algo positivo, a esperança. Graças a ela, os homens conseguem enfrentar qualquer calamidade, sem desistir de viver.

No mundo todo, muitos países estão, neste momento, experimentando o horror provocado por guerras, intolerância, conflitos étnicos, sociais, religiosos e culturais. Outros vivem um tipo de guerra civil não declarada, mas real e assustadora: a guerra da violência, da impunidade, da desonestidade, da falta de ética, da ausência total de respeito e de amor ao próximo.

Na História, não faltam exemplos de atos cruéis que envergonham a raça humana. Atos contra a própria natureza que nos sustenta e contra a espécie a que pertencemos. Irmãos contra irmãos em pelejas que se arrastam e se renovam desde os tempos mais remotos. Contra tudo isso e a favor de nós mesmos, a esperança tem sido o escudo, o antídoto e a poção mágica que nos impulsiona adiante como prova de que a vida ainda é o bem maior da humanidade.

Os seres humanos trazem consigo o gene da esperança. Uma esperança que transborda e se multiplica num movimento interno e intenso. A desejada terra prometida... A lida dos imigrantes agricultores que, em todas as partes do mundo, semearam o presente de esperanças para colher um futuro de bem-aventuranças... A esperança dos imigrantes vendedores de armarinhos... A esperança dos que compartilharam sorrisos, lágrimas, acenos, anseios, expectativas e temores no momento de deixar a terra natal em navios que conduziam à busca do algo mais... O adeus, o coração partido, os olhos marejados que viam a terra, o porto, os amigos, os amores e os familiares cada vez mais distantes... Sentimentos gigantescos acumulando-se enquanto os entes queridos se reduziam a pequenos pontos fixos no cais... A garganta apertada e a dor pungente da separação comprimindo o peito de milhões de desbravadores de terras e de reinos. Lutadores idealistas que acreditavam em uma causa. Aventureiros indispensáveis à construção de novos mundos, novas realidades.

Eis a lição. A História nos ensina que a esperança segue cada passo dado pelo ser humano, mantendo com ele uma relação fraterna e perene. É assim que tem de ser: vida e esperança, companheiras de jornada.

À juventude cabe dar prosseguimento ao sonho de

construir novas realidades, novos castelos, novas edificações que assegurem o futuro. Graças à força renovadora que brota dos corações dos jovens de corpo e espírito, temos suportado todas as mazelas, dores e sofrimentos. Temos escolhido levantar a cabeça e olhar para a frente. É quando vislumbramos uma saída, um amanhã melhor do que hoje. Um outro tempo que poderá suplantar as aflições provocadas pelo desamor e pela descrença. Novos horizontes onde poderemos encontrar solos férteis. Solos promissores que, talvez um dia, não permitam mais a existência dessas vidas secas.

Hércules e o valor do trabalho

O gênio é um por cento de inspiração e noventa e nove por cento de transpiração.

Thomas A. Edison

Algumas considerações sobre o tema

A palavra trabalho deriva do verbo trabalhar, originário do vocábulo românico *tripaliare*. Este, por sua vez, vem do latim *tripalium*, nome de um antigo e terrível instrumento de tortura. Feitas essas primeiras considerações, poderíamos concluir que essa definição dá ao trabalho uma conotação estritamente pejorativa. Entretanto, é fato que a História já nos mostrou quanto a natural evolução dos idiomas no decorrer dos séculos acaba por alterar de maneira significativa nossa compreensão dos conceitos mais diversos. É o caso do termo trabalho.

Prova disso é que se torna quase impossível imaginar a vida sem o exercício constante do aperfeiçoamento emocional e intelectual que o trabalho proporciona aos indivíduos. Mais do que uma atividade cotidiana que possibilita a sobrevivência das pessoas, o trabalho é, antes de tudo, um instrumento de crescimento, uma ferramenta que nos permite abrir as portas para os nossos sonhos, desejos e ideais.

O *Dicionário Houaiss da língua portuguesa* traz numerosas significações do termo trabalho, dentre as quais destacamos: "esforço incomum; luta, lida, faina; conjunto de atividades, produtivas ou criativas, que o homem exerce para atingir determinado fim; atividade profissional regular, remunerada ou assalariada; exercício efetivo dessa atividade; local onde é exercida tal atividade; cuidado ou esmero empregado na feitura de uma obra; qualquer obra realizada (manual, artística, intelectual etc.); empreendimento, realização; qualidade de execução, feitura, lavor; ação ou modo de executar uma tarefa, de manejar um instrumento; tarefa a cumprir; serviço; conjunto de exercícios que se destinam ao treinamento, desenvolvimento e aprimoramento físico, artístico, intelectual etc.; aquilo que é ou se tornou uma obrigação ou responsabilidade de alguém; dever, encargo; ação progressiva e contínua exercida por elemento natural, e o efeito dessa ação; resultado útil do funcionamento de um aparelho, um maquinismo, um sistema; atividade humana que, com o auxílio ou não de máquinas, se caracteriza como fator essencial da produção de bens e serviços; conjunto dos trabalhadores que participam da vida econômica de um país; no *hegelianismo*, processo por meio do qual o espírito humano, ao colocar nos objetos externos todas as suas potencialidades subjetivas, descobre e desenvolve plenamente a sua própria realidade; no *marxismo*, atividade consciente e planejada na qual o ser humano, ao mesmo tempo que extrai da natureza os bens capazes de satisfazer suas necessidades materiais, cria as bases de sua realidade sociocultural".

Todo esse rol de acepções aponta para o fato de que o trabalho possui estreita conexão com o processo evolutivo dos seres humanos na medida em que simboliza o extremo oposto do comodismo, da passividade, da preguiça, da negligência, do desleixo. Muito pelo contrário, a natureza do trabalho costuma impor aos seus praticantes doses maciças de ritmo, de dinamismo, de agilidade e de motivação, capacitando-os para as provações e os desafios inerentes à condição humana.

Em outras palavras, o trabalho oferece ao ser humano os mecanismos de efetivação de sua liberdade de ação e pensamento. Sobre essa associação entre trabalho e liberdade, o filósofo dinamarquês Soren Kierkegaard afirmou: "O dever de trabalhar para viver exprime o universal humano, inclusive no sentido de ser uma manifestação da liberdade. É exatamente por meio do trabalho que o homem se torna livre; o trabalho domina a natureza: com o trabalho ele mostra que está acima da natureza"[3].

Para recordar a história: *A escolha de Hércules*

As histórias protagonizadas por criaturas míticas como deuses, semideuses, espíritos e demais seres fantásticos que povoam as narrativas da literatura greco-romana foram, durante séculos, transmitidas oralmente por gerações sucessivas, tendo sido registradas de forma impressa muito tempo depois de sua origem propriamente dita. Não há, portanto, relatos precisos a respeito da autoria dessas lendas e desses contos maravilhosos repletos de ensinamentos e de relatos ficcionais encantadores que, além de belos, nos revelam conhecimentos indispensáveis à aventura da vida.

Assim é com o mito de Hércules. Atentemos para as preciosas lições contidas na sua difícil escolha. Certo dia, o jovem Hércules, filho de Zeus e de Alcmena, caminhava pensativo sem saber que rumo daria a sua vida. Recebera excelente educação de sua mãe e de seu padrasto, que se chamava Anfitrião. Quando bebê, Hércules esmagou com as próprias mãos duas serpentes que entraram em seu berço e enrolaram-se em seu pescoço. Os répteis foram enviados pela deusa Hera, esposa de Zeus, que odiava sua rival, Alcmena. Percebendo que o menino era especial, seu padrasto e sua mãe cuidaram para que recebesse ensinamentos valiosos sobre as artes da guerra, da música, da escrita e da educação física.

Assim, aos 18 anos, era o jovem mais forte e mais belo da Grécia.

Durante a sua caminhada, Hércules aproveitava para refletir sobre sua vida e sua existência, repleta de trabalhos e deveres. Tinha a impressão de carregar o mundo nas costas. Parecia não compreender sua missão. Estava triste, amargo, confuso. Mergulhado no caos interior de suas idéias e sentimentos, Hércules não dispunha da harmonia necessária para viver, uma vez que não estava em sintonia com seu talento pessoal, suas habilidades e seus projetos futuros. Diferentemente dos outros jovens, que costumavam levar uma vida de prazeres diversos, sem preocupações, Hércules possuía numerosas responsabilidades e tarefas a cumprir, todas muito trabalhosas. Sem compreendê-las inteiramente, ele vivia sobrecarregado de si mesmo.

Enquanto pensava em tudo isso, nosso jovem protagonista deparou com uma estrada bifurcada, de modo que não soube que caminho deveria seguir desse ponto em diante. As opções eram realmente muito distintas. Do lado direito, havia um terreno muito acidentado e montanhoso a transpor. A estrada era desprovida de qualquer atrativo, mas, no final, conduzia diretamente às montanhas azuis que indicavam a continuidade do trajeto. Já do lado esquerdo, a paisagem não poderia ser melhor: muitos pássaros cantando, árvores frondosas de ambos os lados, ausência de pedras, troncos e matas que poderiam dificultar a jornada. Mas havia um senão nesse cenário bucólico: uma neblina densa ao longe impedia Hércules de visualizar o que viria depois. O caminho, ao que parecia, não levava a lugar nenhum. Foi quando, de repente, duas belas mulheres surgiram nas respectivas estradas que se apresentavam à frente do jovem Hércules. A primeira delas vinha do caminho da esquerda, aquele cujas características eram, aparentemente, mais tranqüilas e sedutoras aos olhos do viajante. A moça era belíssima e extremamente hábil na escolha das palavras. Seu discurso, ao narrar as maravilhas do caminho oferecido por ela, era, por assim dizer, doce e ao mesmo tempo persuasivo.

Hércules ouviu promessas maravilhosas de uma vida repleta de fortunas, bem-aventuranças e prazeres variados caso se deixasse guiar pela anfitriã envolvente. A moça convidou-o a seguir pelo caminho mais fácil, oferecendo-lhe uma vida sem problemas, obstáculos e tristezas de qualquer espécie. Muito vinho, muita música, muitas festas e alegrias compunham o roteiro de divertimentos e satisfações sucessivas ofertado pela bela jovem proveniente do caminho das árvores, dos pássaros e das flores. Um convite tentador.

Logo em seguida, a segunda moça – tão bela quanto a primeira – aproximou-se de Hércules, deixando claro, desde o princípio, as reais condições que o seu caminho – a estrada da direita – tinha a lhe oferecer. A moça traçou um panorama bem diferente daquele exposto por sua antecessora. Para começar, ela não prometeu nenhuma regalia, nenhuma fortuna e nenhum benefício – a não ser os que Hércules conquistasse com a própria força e empenho. Além disso, descreveu sua estrada como um itinerário difícil de ser transposto, com muitos pântanos e morros. A subida era íngreme, embora a vista do alto pudesse realmente valer o sacrifício. Apesar dessa descrição à primeira vista desmotivadora, havia uma vantagem de peso em relação à primeira estrada: no final, esse caminho acidentado e complexo levava às montanhas azuis, que garantiriam fama a todas as pessoas que decidissem enfrentar o desafio de alcançá-las. Uma fama adquirida apenas por aqueles que trabalhassem e se esforçassem diariamente.

Ao perguntar o nome dessa jovem, que estampava pureza e sinceridade na face, Hércules obteve a seguinte resposta: "Meu nome é Trabalho, embora muitos me conheçam como Virtude". Da mesma forma, Hércules questionou o nome da primeira mulher que se apresentara a ele. Então, ouviu-a dizer: "Meus amigos me chamam de Bem-Aventurança; meus inimigos, para me depreciar, me chamam de Preguiça".

Hércules escolheu a Virtude como guia porque compreendeu que a verdadeira riqueza – a que realmente tem valor – deve provir do trabalho honesto, do esforço próprio e da dedicação constante. Assim, segurou a mão da Virtude e se deixou conduzir por um caminho cheio de dificuldades, é verdade, mas farto de possibilidades e de vitórias no término do seu percurso.

Trabalho: uma virtude essencial

A história do jovem Hércules é repleta de simbologias sobre as opções que a vida nos concede ao longo de nossa trajetória por diversos caminhos bifurcados. Da mesma forma que ocorre na narrativa de *A escolha de Hércules*, quando somos jovens nos é dada a oportunidade de selecionar as trilhas que vão culminar num futuro construído sobre os pilares do sucesso ou do fracasso, dependendo do percurso que elegemos seguir.

Muitas vezes nos identificamos com o herói dessa história na medida em que percebemos suas dúvidas, seus anseios, suas angústias e sua revolta natural, presentes no início do texto. Até porque quantas vezes não nos sentimos abandonados pela sorte? Quantas vezes nos queixamos da falta de reconhecimento do nosso trabalho, da ausência de liberdade, das numerosas responsabilidades que somos levados a assumir, dos riscos que corremos em nome de coisas com as quais não temos muita afinidade ou cuja relevância não compreendemos imediatamente?

Nessa parte da história, Hércules parece ser uma cópia fidedigna da maioria das pessoas que constituem a sociedade contemporânea. Seus dramas e questionamentos existenciais assemelham-se aos sentimentos que refletem diretamente a dinâmica muitas vezes cruel de nosso tempo. A pressão social, as exigências profissionais, o culto ao corpo, o trânsito, a escassez de tempo para o lazer e para a família, a ausência de perspectivas, a dificuldade nos relacionamentos, o preconceito e a criminalidade acarretam níveis elevados de estresse e de doenças causadas por ele. Índices alarmantes que, cada vez mais, intrigam pesquisadores, cientistas, médicos e estudiosos do comportamento humano. Muitos se têm debruçado sobre esse tema, visando encontrar a solução para um mal que atinge milhões de pessoas em todo o mundo.

Quase setenta anos depois de sua produção, o filme *Tempos modernos* (1936), de Charles Chaplin, continua perfeito para ilustrar a realidade atual. Muitos trabalhadores ainda são reféns das máquinas. São avidamente digeridos pela rapidez desumana e mecanicista imposta pela escala de produção. A dedicação diária dos funcionários, as horas extras de trabalho pesado, a concentração exigida para executar determinadas funções... Todo esse esforço, muitas vezes, não é recompensado. Não há contrapartida por parte dos empregadores. A falta de visão de muitos empresários não permite que percebam a baixa remuneração, a desvalorização do profissional e a coisificação do ser humano como fatores prejudiciais ao seu negócio. Fatores que não colaboram em nada para o aumento de produtividade das empresas. Poucas são as organizações cujos proprietários se preocupam verdadeiramente com o bem-estar de seus colaboradores diretos. As exceções existem, é fato, mas ainda compõem uma minoria.

Independentemente da área de atuação, as pessoas querem aprender, crescer, desenvolver suas aptidões e habilidades, obter reconhecimento e recompensas à altura de suas qualificações, de seus esforços. Entre superiores e subordinados deve existir uma relação de mestre e de aprendiz. Uma relação de educador e de educando. O verdadeiro líder precisa transmitir saberes, compartilhar conhecimentos e agregar forças em torno de objetivos comuns.

Os números divulgados por publicações especializadas comprovam: as melhores empresas, aquelas que, ano após ano, superam suas metas, batem recordes de produção e apresentam as melhores idéias e soluções para as necessidades do mercado, são as mesmas que desenvolvem programas e ações de estímulo a seus funcionários.

Capacitação contínua, reconhecimento, promoções e prêmios para os que se destacam, participação nos lucros, envolvimento com a comunidade por meio de projetos e ações de caráter social, investimento em salas de ginástica e jogos e promoção de campeonatos internos, gincanas, passeios e atividades culturais em grupo para a integração e o bem-estar da equipe são práticas eficazes, geralmente de baixo custo, que fazem toda a diferença no universo do mundo corporativo. E mais: a educação do líder, a gentileza, a consciência de que o poder é nobre e é, sobretudo, útil quando significa poder servir.

O oposto disso acarreta a insatisfação generalizada dos funcionários, o bloqueio criativo e, é claro, não contribui em nada para o sucesso dos empreendimentos organizacionais. O excesso de deveres e a ausência de tempo para aproveitar as belezas da vida e os aprendizados do caminho sufocam as pessoas e, não raro, desencadeiam as sensações de angústia e opressão descritas pelo jovem Hércules.

Entretanto, à medida que a história avança, vamos nos dando conta da grandeza existente no ato de aplicar nossas forças e faculdades na realização de determinados fins. Vamos adquirindo a consciência de que nossas ocupações e os desafios delas provenientes são uma espécie de passaporte que nos garante a viagem rumo à respeitabilidade, à dignidade, à autoconfiança, à segurança, ao desenvolvimento emocional e intelectual e ao aprimoramento de nossos dons naturais.

Por isso é importante refletir sobre a relevância de exercer uma atividade de forma responsável, atenta, dedicada e comprometida com os resultados. Independentemente do ofício que escolhemos ou que nos coube exercer pelos mais variados motivos, temos de enxergá-lo como algo honrado e nobre justamente por ser imprescindível para a continuidade do jogo social.

Precisamos do trabalho uns dos outros para que possamos levar uma vida minimamente harmônica, segura e feliz. O bem-estar coletivo depende da colaboração de todos os profissionais, uma vez que necessitamos de serviços diversos durante nossa vida. Tomemos como exemplo uma simples refeição. Quantos trabalhadores são direta e indiretamente envolvidos até o alimento chegar à nossa mesa? Num primeiro momento, poderíamos mencionar o agricultor, o motorista que transporta os alimentos do campo para a cidade, o distribuidor, o vendedor. Esses trabalhadores constituem apenas um pequeno grupo dentre as pessoas envolvidas na satisfação de nossas necessidades diárias mais prementes de sobrevivência e bem-estar. Não é difícil compreender que todas elas exercem funções essenciais à sociedade.

Além das necessidades básicas de sobrevivência, a realização dos nossos sonhos também está, muitas vezes, diretamente ligada ao trabalho. Talvez por isso seja difícil compreender o motivo que leva as pessoas a se perder no meio do caminho de sua missão. É o caso do médico insensível e carrancudo que mal olha para o paciente, mas um dia foi um estudante idealista, um jovem cheio de sonhos que muito provavelmente se emocionou na formatura ao repetir, com toda a turma, o juramento de Hipócrates. É o caso daquele professor frio, entediado e insensível às necessidades e carências dos alunos. É o caso do juiz arrogante, mais preocupado com o prestígio da profissão que com as atividades que deve cumprir. A rotina, os problemas do dia-a-dia, as ilusões, os desejos não concretizados... O que teria força suficiente para destruir um sonho? O trabalho tem de ser prazeroso, tem de ser um desafio constante, tem de ser um misto de grande responsabilidade e enorme entusiasmo.

É verdade que, muitas vezes, o trabalho exige muito de nós, a ponto de nos causar dores, cansaço e esgotamento físico e mental. Sentimo-nos extenuados devido às dificuldades enfrentadas na realização de algumas tarefas, mas temos de admitir ser gratificante vê-las devidamente concluídas. A sensação de realização é verdadeiramente merecida, pois foi conquistada com nosso suor. Sobre essa sensação afirma o escritor Daniel Defoe em seu livro *Robinson Crusoé*: "Mas quem se rende a dores tendo a libertação em vista?".

As novas gerações têm de estar atentas às múltiplas e necessárias faces e aos benefícios provenientes do trabalho. É por meio do trabalho que o ser humano é levado a concretizar a união entre a teoria e a prática, proporcionando a plenitude de sua educação e aprendizado. Uma educação voltada tanto para o indivíduo quanto para a coletividade, uma vez que o homem colabora para suprir não só suas necessidades mas também as de um enorme contingente de pessoas.

O trabalho nos torna seres sociais na medida em que, no exercício de nossa profissão, entramos em contato com outros indivíduos e, pouco a pouco, aprendemos a estabelecer relações com pessoas diferentes, com idéias e opiniões muitas vezes divergentes das nossas. Pessoas de origens diversas, com costumes e histórias variados que nos enriquecem social e culturalmente. Essa aproximação com o outro é fundamental para o nosso crescimento intelectual, bem como para a solidificação de nosso caráter. Em outras palavras, o trabalho nos ensina e fortalece em nós valores indispensáveis como ética, justiça e respeito às diferenças.

Tudo isso já seria suficiente para demonstrar a importância do trabalho em nossa vida, afastando a possibilidade de encará-lo como uma obrigação tediosa e maçante, um suplício capaz de causar em quem o desenvolve uma sensação de exploração e de escravidão. É mister salientar que condições como essas não são determinadas pelo trabalho em si, e sim pelos meios equivocados e desumanos de utilização da mão-de-obra na escala de produção. Hoje, em pleno século XXI, infelizmente ainda vemos acontecer situações como essas, ocasionando uma aversão – nesse caso – natural atribuída ao trabalho.

Entretanto, é nosso dever alertar os aprendizes de hoje sobre o nosso compromisso social de utilizar todas as ferramentas possíveis para mudar esse quadro, inaugurando um tempo em que todos poderão ter a educação necessária, que garantirá aos brasileiros e a todos os cidadãos do mundo a capacidade de exercer trabalhos dignos, que dêem prazer e façam as pessoas sentir-se honradas e orgulhosas por executá-los. Essa será, sem dúvida, uma contribuição para o progresso social e para o estreitamento das relações entre as pessoas e, mais do que isso, o começo de uma nova história. Um tempo em que o trabalho possa ser – como sempre deveria ter sido – associado ao prazer e à alegria.

É maravilhosa a sensação de dever cumprido quando concluímos a obra de um dia ou de uma vida usando as próprias mãos, o intelecto, as aptidões. O escritor que termina um livro, o poeta que finaliza um poema, o pintor que arremata um quadro, o mecânico que acaba um conserto, o engenheiro que entrega uma planta ao cliente, o pedreiro que finda uma construção – todos são geniais em sua capacidade de transformação.

Nesse contexto, a tristeza de quem não tem trabalho é um dos maiores dramas do mundo de hoje. Daí a necessidade de políticas públicas voltadas para a criação de empregos e a distribuição de renda. O povo não precisa de esmola. Quer dignidade. Trabalho é dignidade. O jovem cheio de garra e de vontade de aprender, o homem e a mulher maduros e experientes – todos têm necessidade de se expressar por meio de sua vocação. O trabalho capacita para a vida, e como tal deve ser encarado como essencial e imprescindível à manutenção dos ideais humanos. Que todos tenhamos a oportunidade de atuar naquilo que nos faz felizes de modo que possamos, assim, colaborar para a felicidade daqueles que estão em nossa volta.

Cinderela e o valor da humildade

Não te impressiona saber que o mais anônimo dos átomos tem poder capaz de arrasar cidades?

No entanto repara como se apagam e se escondem como se nada fossem, nada valessem, nada pudessem...

Dom Hélder Câmara

Algumas considerações sobre o tema

O vocábulo humildade vem do latim *humilitas*, que significa "pouca elevação, pequena estatura". Em sentido figurado, quer dizer condição baixa, abatimento, sentimentos humildes, modéstia. Os registros históricos de sua etimologia revelam que a palavra já foi grafada como *omildade* e *umildade*. O *Dicionário Houaiss da língua portuguesa* traz as seguintes designações do termo: "qualidade de humilde; virtude caracterizada pela consciência das próprias limitações; modéstia, simplicidade; sentimento de fraqueza, de inferioridade com relação a alguém ou a algo; reverência ou respeito para com superiores; acatamento, deferência, submissão; falta de luxo, de brilho; simplicidade, sobriedade; condição do que é desfavorecido economicamente; pobreza, penúria".

As acepções utilizadas para o termo humildade preconizam um estado de espírito desprovido de seus contrapontos, dentre os quais podemos destacar a vaidade, o orgulho exacerbado – utilizado de forma pejorativa –, o sentimento de superioridade, a arrogância, a soberba, a prepotência, a insolência, o desprezo pelos feitos, valores, atitudes e méritos alheios e a ausência de modéstia.

Nesse sentido, a humildade surge como um elixir capaz de imunizar seu portador contra uma série de mazelas, ocasionadas pela insensatez, pela ignorância, pela escassez de valores nobilitantes que têm acometido parcelas significativas da sociedade. Na época em que vivemos, a humildade é uma virtude fundamental para a vida em comunidade justamente porque possibilita a aproximação entre as pessoas, não importando se pertencem a raças, credos e classes sociais diferentes nem se comungam convicções ideológicas opostas. A humildade permite que o indivíduo enxergue os próprios defeitos, problemas, limitações e posturas, atitude que, aos poucos, vai abrindo caminho para a tolerância, a paciência e o perdão em relação às imperfeições e escolhas alheias.

Na filosofia, o conceito de humildade foi amplamente debatido, ocasionando divergências em relação à sua significação. Mas, independentemente do ponto de vista relativo ao termo, parece ser clara a assertiva de que o mundo de hoje carece da humildade descrita por São Tomás de Aquino quando disse que essa virtude "tempera e freia o ânimo a fim de que ele não tenda desmesuradamente às coisas mais altas", ao mesmo tempo que "fortalece o ânimo contra o desespero e impele-o a perseguir as grandes coisas". Já para o filósofo Hegel, a humildade "é a consciência de Deus e de sua essência como amor".

Para recordar a história: *Cinderela*

A história da jovem Cinderela é bem antiga, tendo sido registrada na China, mais precisamente no século IX. A possível origem oriental – não obrigatoriamente chinesa – desse conto é fundamentada nas referências ao tamanho e à delicadeza do pé feminino, tido como símbolo de beleza e de virtude, e à utilização de materiais nobres na confecção dos calçados. Bruno Bettelheim, renomado psicólogo infantil e estudioso dos contos de fadas, lembra que há registros relativos à produção de chinelos artisticamente trabalhados com materiais preciosos já no Egito do século III.

No Ocidente, o conto Cinderela *foi divulgado pelo francês Charles Perrault (1628-1703), um personagem ímpar na história da literatura infantil justamente por-*

que foi o responsável por imprimir, com ineditismo, uma série de contos tradicionais fantásticos até então transmitidos apenas oralmente, de geração em geração. Dentre eles, destacam-se A bela adormecida e Chapeuzinho Vermelho.

Cinderela, também conhecida como Gata Borralheira (porque uma de suas tarefas era limpar as chaminés e a lareira, sujando por isso todo o seu vestido de borralho), exerce um fascínio incontestável em crianças e adultos de todo o mundo. A trajetória de sofrimentos da bela moça de coração puro que, sendo órfã de mãe, era explorada de maneira desumana pela madrasta e pelas suas duas filhas más, continua seduzindo gerações, certamente, pela enorme carga de valores positivos que a trama agrega em seu enredo. Lembremos que, apesar das dificuldades, das provocações sofridas e do cansaço diário pelo serviço pesado que era obrigada a fazer, a jovem continuava pura de coração, doce, meiga e delicada com todos. Nada conseguia abalar a fortaleza de seu caráter.

Certo dia, no reino onde vivia a moça, correu a notícia de que o rei promoveria um baile com o intuito de que seu filho escolhesse uma jovem para se casar. Todas as pessoas importantes do reino receberam convites. As duas filhas da madrasta de Cinderela, felicíssimas com o evento, só pensavam na festa. Tinham de escolher os vestidos, os penteados, os perfumes, o estilo da maquia-

gem etc. A empolgação era justificada: ambas sonhavam conquistar o coração do príncipe. Cinderela auxiliava em tudo o que podia, até mesmo dando conselhos sobre roupas e acessórios. Mesmo assim, as malvadas moças não se lembravam de lhe agradecer e, bem ao contrário, zombavam de Cinderela dizendo que ela nunca poderia ir ao baile.

O tempo foi passando e, finalmente, o dia da festa mais esperada do reino chegou. A pobre Cinderela teve de assistir ao rebuliço da madrasta e de suas filhas durante todo o dia. Na hora prevista, elas partiram numa carruagem em direção ao palácio, deixando a borralheira sozinha em casa, aos prantos.

Foi quando, chorando, sentada perto da lareira, a bela moça viu aparecer diante de si uma linda fada, que afirmou ser sua madrinha. Vendo a menina tão triste e maltrapilha, a fada tratou de informar-lhe que viera justamente para providenciar sua ida ao baile. Todo o resto aconteceu num passe de mágica. No jardim da casa a fada, com a varinha mágica, transformou uma abóbora numa linda carruagem dourada e seis camundongos em imponentes cavalos. Escolheu ainda um rato de bigode finíssimo para servir de cocheiro e transformou seis lagartos em lacaios elegantemente vestidos.

Depois de providenciar a melhor condução e os melhores serviçais para cuidar da moça, chegou a vez de dar a ela ares de princesa. Com apenas um toque de sua varinha encantada, os farrapos tornaram-se um belíssimo vestido de ouro e prata, bordado com pedras preciosas. Em seguida, a fada madrinha lhe deu um par de sapatinhos de cristal e, por último, fez uma única recomendação a Cinderela: "É preciso que você volte para casa à meia-noite, pois o encanto terminará quando o relógio der o último toque anunciando o início de um novo dia".

Ao chegar ao castelo, Cinderela comoveu a todos com sua beleza. O filho do rei imediatamente pensou ser a jovem uma princesa desconhecida e apressou-se a darlhe as boas-vindas. Dançaram juntos todo o tempo. Ela estava tão entusiasmada e tão absorvida com o príncipe e com aquela atmosfera de sonho que esqueceu completamente a recomendação da fada a respeito do horário. Foi então que o relógio do palácio começou a soar os doze toques noturnos. Lembrando-se de tudo num relance, a moça fugiu correndo do salão e, na confusão, deixou cair um de seus elegantes sapatinhos de cristal.

Cinderela chegou em casa exausta, novamente vestida de trapos, sem lacaios, carruagem nem cocheiro. Só restara o outro sapatinho de cristal. Ao entrar em casa, sem desconfiar que Cinderela era a princesa desconhecida, a madrasta e as filhas contaram tudo sobre a festa, inclusive que o príncipe pegara o sapatinho e suspirara entristecido por aquela moça, por quem parecia apaixonado.

Pouco tempo depois, o filho do rei anunciou publicamente que se casaria com a moça em cujo pé o sapatinho servisse. Convocou auxiliares para percorrer todo o reino, ordenando que entrassem nas casas e experimentassem o sapatinho nas moças. Não tardou para que um mensageiro chegasse à casa de Cinderela trazendo o delicado calçado de cristal. Afoitas, as duas irmãs tentaram de todas as formas calçá-lo, mas ele não serviu.

O mensageiro perguntou então se não havia outra moça na casa. Cheia de coragem, Cinderela se apresentou. As irmãs riram da ousadia da borralheira, mas o mensageiro, que recebera ordens expressas para que todas as moças do reino calçassem o sapatinho, insistiu. E, para surpresa de todos, o calçado entrou no pezinho de Cinderela sem que a moça precisasse fazer nenhum esforço.

Para maior espanto de todos, Cinderela tirou o outro sapatinho de cristal do bolso, calçando-o. Imediatamente, a madrasta e suas duas filhas reconheceram em Cinderela a linda princesa do baile e caíram de joelhos implorando seu perdão pelo sofrimento que lhe tinham causado.

Como Cinderela era incapaz de nutrir qualquer sentimento negativo, como ódio, rancor ou raiva, abraçou-as e disse que as perdoava de todo o coração. Com humildade e nobreza de espírito, ela foi conduzida à presença do príncipe, que aguardava ansioso sua ines-

quecível amada. Celebrando seu amor por todo o reino, dias depois casaram-se e viveram felizes para sempre.

HUMILDADE: BÁLSAMO PARA A ALMA

Falar dos ensinamentos transmitidos por *Cinderela* significa fazer uma reverência aos contos de fadas, histórias que nos tocam profundamente e conquistam nosso coração de forma arrebatadora. Geralmente, essa sedução coletiva e deliciosa ocorre muito cedo, quando ainda vivemos no período mais ensolarado e significativo de nossas vidas: a infância. É nele que deparamos com as experiências, as fantasias, as comédias e os dramas que vão moldar nossa personalidade, nosso caráter, nosso jeito de ver e de viver o mundo. Histórias como a de Cinderela são parte integrante desse processo de aprendizado, dessa aventura infantil que nos leva ao crescimento e ao amadurecimento.

São narrativas impregnadas de vida. Repletas de um perfume complexo que traz em si um misto de essências doces, cítricas, exóticas... Nelas encontramos muito de nós mesmos... Nelas nos vemos refletidos com nitidez. São histórias que decifram a alma humana e expõem o inconsciente coletivo à sua fotografia mais perfeita e colorida. Assim são os contos de fadas. Viagens imaginárias que deixam em nós marcas profundas, feitas por um tipo de ferrete poderoso, mas ambivalente, porque traz, lado a lado, as insígnias da tristeza e da alegria.

Muitas dessas marcas são fixadas no coração, ao passo que outras em nossa mente. Todas, entretanto, permanecem para sempre como tatuagens que definem o espírito de quem as possui de acordo com os traços, as linhas e o estilo dos seus desenhos. Marcas que nos guiam porque exercem sobre nós uma espécie de domínio invencível, imposto por nossas razões e nossas emoções mais intensas.

Cinderela – ao lado de tantos outros contos inesquecíveis – é uma dessas lembranças (marcas, registros) indeléveis, eternizadas por uma misteriosa junção de fatores. Entre eles, a capacidade de dar aos seres humanos os recursos para poder sonhar. Sua trama comovente nos faz chorar, rir, sofrer, amar. Vivenciamos sensações e sentimentos diametralmente opostos que nos habilitam, por meio da reflexão proveniente da ficção, à ampliação de nossos horizontes, nossas perspectivas, nossa sensibilidade...

Como nas tragédias clássicas da Grécia, os contos de fadas nos permitem realizar uma catarse, palavra grega que significa purgação, purificação e limpeza. Ela faz com que extravasemos nossas emoções mais reprimidas, colaborando para que nos livremos dos maus sentimentos e dos traumas mais variados. Dessa forma, renovados pelas mãos de Cinderela, somos convidados e conduzidos a um baile especial. Um espetáculo em que ela prossegue como estrela principal, executando números tão complexos quanto belos. A exibição de Cinderela nos leva às emoções mais diversas e nos faz questionar e refletir sobre a música e a dança de nossa própria vida, mesmo de forma inconsciente.

E dessa maneira inusitada, desprevenidos, atônitos e extasiados, vemos Cinderela dar vida a uma coreografia frenética em que predominam balés diversos que unem o clássico e o moderno. Danças atemporais que sintetizam as características das histórias que se fazem eternas.

Sua habilidade em sair ilesa dessa valsa arrojada, de acordes tão díspares quanto melódicos, produz em todos os espectadores uma espécie de sensação hipnótica. Ficamos tão encantados, tão enlevados pela postura e pelas habilidades dessa bailarina inconfundível que começamos a segui-la e, então, sem nos dar conta, entramos numa espécie de labirinto. Um caminho sem volta. Somos, para sempre, enredados em sua trama. Uma vez dentro do labirinto de uma boa história, não há mais como sair. Desprovidos do fio de Ariadne – que guiava Teseu pelo labirinto do Minotauro – ficamos, para sempre, aprisionados, condição imprescindível para aprender de cor suas lições encantadoras.

Assim é com *Cinderela*. Uma vez conhecida a narrativa, uma vez vencidos pela beleza indescritível da protagonista, uma vez seduzidos pelo encanto sem igual de seus personagens, somos automaticamente, e para sempre, influenciados. Atraídos pelos seus desígnios, pelos seus modos, pelos seus dons, pelos seus valores, pelas suas ações, pelos seus temores, pela sua coragem, pela sua verdade mais profunda.

Não é por outro motivo que a trajetória da jovem humilhada pela madrasta e pelas suas filhas vem comovendo gerações há séculos, tornando-se uma narrativa referencial em diversos países.

Quando já estamos crescidos e, portanto, mais preparados para questionar a razão de todo o sucesso desse conto de fadas, vemos que a grandiosidade da heroína é um dos motivos pelos quais nos encantamos com a trama difundida por Charles Perrault. Se refletirmos sobre o drama da protagonista, veremos que Cinderela, apesar de preterida, subjugada e rebaixada à condição de serviçal explorada e espicaçada, não acolhe nem alimenta sentimentos negativos tanto em relação às vilãs como em relação ao mundo de forma geral.

Seu caráter nobre, sua índole pacífica e tranqüila, seu jeito meigo e doce não oferecem condições para que a vingança, a raiva, a inveja e o ódio se instalem em seu coração repleto de generosidade e amor. Em algumas passagens da trama é possível vislumbrar em Cinderela uma altivez típica de quem nutre por seus inimigos e malfeitores somente pena e compaixão – atitude que chega a ser confundida com uma possível submissão da personagem.

Temos em Cinderela um ícone dos injustiçados e dos oprimidos. A representação de uma mártir capaz de suportar e, no final de seu calvário, sobrepujar as injustiças e os sofrimentos mais diversos, ocasionados pela rivalidade fraternal e pela maldade – vilanias que se configuram como as temáticas centrais do conto ao lado de seu contraponto, a bondade.

Em meio a esse turbilhão de provações, Cinderela permanece pura de coração. Nada parece abalar suas virtudes, suas qualidades, sua doçura, sua humildade exemplar, que serve de escudo para que a protagonista possa suportar as numerosas investidas maléficas da madrasta e de suas invejosas filhas. Humildade que a faz resistir às etapas dolorosas mas fundamentais ao crescimento interior e à descoberta das próprias potencialidades. Humildade que a leva a conquistar, no final de tudo, a recompensa necessária em forma de felicidade eterna.

Tal como no mito da fênix, Cinderela ressurge das cinzas e recupera o que é seu por direito: a capacidade de ser feliz, de ser amada, querida, desejada. Essa conquista nos ensina que a dor é um estágio importante no processo de aquisição de sabedoria. Cinderela reforça em todos nós o conceito de que o aprendizado é, muitas vezes, construído por meio de experiências penosas. E é preciso vencê-las e suplantá-las para que alcancemos a vitória. As virtudes, os valores e as ações que pautam a vida de Cinderela, independentemente das mazelas que afligem a heroína em seu percurso, nos alertam para o fato de que é preciso estar atentos para não ceder à maldade, mesmo que ela nos tente repetidas vezes.

Num momento crucial da narrativa, em que parece não haver saída para a personagem, surge o ser onírico encarregado de providenciar a salvação, a volta por cima, uma espécie de renascimento espiritual da heroína. Cinderela recebe auxílio por meio da intervenção oportuna de um aliado especialmente enviado para defendê-la e lhe conceder os instrumentos necessários a sua transformação.

Trata-se de uma fada madrinha que, em noite de baile na corte, vem em seu socorro tirando-a das cinzas e munindo-a dos apetrechos fundamentais que a transformarão e a caracterizarão como a mais linda das princesas. Uma princesa capaz de conquistar o amor. Um amor redentor que acarretará em suas opositoras sensações de rejeição, de frustração e de desprezo, armas equivocadamente utilizadas para maltratar Cinderela ao longo de toda a história.

A narrativa é eficaz justamente porque transmite ao público a certeza de que o bem sempre vence o mal independentemente dos poderes, das artimanhas e dos artifícios utilizados pelos vilões que protagonizam essa conhecida e temida batalha universal. Por meio da jornada de Cinderela, que, em nenhum momento, se desviou do caminho do bem, compreendemos que a humildade, a bondade, a simplicidade e a singeleza são reconhecidas e recompensadas no final da trajetória de todos os heróis e, por extensão, de todas as pessoas.

Daí a necessidade de fazer desse texto um modelo para crianças e jovens que, hoje, precisam reforçar valores e conceitos essenciais à boa convivência familiar e social. *Cinderela* é como um verdadeiro mapa que aponta os caminhos mais difíceis, porém mais importantes, para que possamos construir uma existência voltada à ética e ao bem coletivo. Valores e ações que contribuirão para a paz e para a união entre nossos irmãos mais próximos e também entre os povos de todas as nações.

Cinderela, aparentemente frágil e indefesa, traz em si a fortaleza que caracteriza as pessoas que têm em seus sonhos um porto seguro onde ancorar no fim de violentas e perigosas tempestades. No término de sua história, vemos que o importante é preservar a bondade, a pureza e a humildade, valores renovadores que nos dão coragem para continuar a lutar e, melhor ainda, que nos ensinam a dançar, com competência e graça, a valsa singularíssima de nossa história.

É preciso que tenhamos, como Cinderela, a humildade de compreender que existe um tempo para tudo.

Sem humildade, a princesa não teria sequer escutado a fada madrinha. Não teria acolhido seus conselhos. Ter-se-ia deixado levar pela beleza majestosa do baile, desprezando o aviso da fada mesmo após as badaladas do relógio... Somos todos eternos aprendizes. E temos de nos conscientizar de que, às vezes, a humildade é a única chave para abrir a porta de um futuro melhor, mais condizente com os sonhos acalentados no presente.

No dia-a-dia, vemos situações absurdas e constrangedoras causadas unicamente pela ausência de humildade e das demais qualidades que vêm com ela. É o caso do diretor de escola que humilha os funcionários da limpeza. É o caso do professor que não acredita que a relação entre educador e educando é de pura troca, de puro aprendizado. A humildade está profundamente ligada à consciência da efemeridade do poder. Tudo é passageiro, transitório... Não se deve mensurar o valor de ninguém pelo cargo que exerce. Infelizes daqueles que se consideram melhores que os outros pela posição social que ocupam.

O melhor mesmo é saber-se humano. É saber-se centelha divina. É resistir sempre... É não se deixar abater, não se entregar, não se dar por vencido. O melhor mesmo é acreditar que estamos aqui para aprender, para sonhar, para transformar e para concretizar os planos mais variados.

Como é bonita a consciência de poder servir e compreender a superioridade do *ser* e a transitoriedade do *ter*. É esse o grande lema dos humildes. Segui-lo é sinal de sabedoria... Mas essa já é outra história.

O rei Salomão e o valor da sabedoria

Não basta saber, é preferível saber aplicar.
Não é bastante querer, é preciso saber querer.

Goethe

ALGUMAS CONSIDERAÇÕES SOBRE O TEMA

Saber, sabedoria, sapiência, sabor... Palavras interligadas pela semelhança e complementaridade dos respectivos significados, cuja origem provém do latim. Sapiência, por exemplo, vem de *sapientia* e quer dizer "sabor, bom paladar; aptidão, habilidade, capacidade, instrução; razão, bom senso; sabedoria, prudência, siso, tino; moderação, indulgência, benignidade". Ao longo da História, o termo já foi registrado graficamente como *sapiencia*, *sapientia* e *ssapiemçia*. Quanto ao vocábulo sabedoria, observamos um número ainda maior de mudanças ortográficas registradas no decorrer dos séculos, como *ssabedorya*, *sabedoriía*, *sebedorya*, *ssajaria*, *sabidoría* e *sabeza*. Já o equivalente grego de sabedoria é *sofia*, que significa "habilidade manual; saber, ciência; sabedoria".

Em língua portuguesa, a palavra sabedoria é classificada como substantivo feminino, recebendo as seguintes designações: "qualidade de sábio; caráter do que é dito ou pensado sabiamente; acúmulo de muitos conhecimentos; grande instrução, ciência, erudição, saber; justo conhecimento, natural ou adquirido, das verdades; conhecimento da verdade; massa dos conhecimentos adquiridos; ciência; prudência e moderação no modo de agir; temperança, reflexão; virtude de esperto; astúcia, manha; discernimento inspirado nas coisas sobrenaturais e humanas".

Em seu livro *Entre a ciência e a sapiência – O dilema da educação*, o educador e escritor Rubem Alves faz uma deliciosa comparação entre o saber e o sabor, dando às duas palavras um peso equivalente na jornada estimulante rumo ao conhecimento. Na verdade, a sabedoria é uma virtude de importância crucial. Possuí-la significa ser capaz de reunir todas as outras qualidades edificantes que, ao que tudo indica, têm parentesco estreito com a sabedoria. Cultivá-la implica estar em aprendizado constante, de modo que o sábio tem consciência de quanto é valioso descobrir, desvendar e investigar. Essa sede de saber é uma característica natural do homem, que, mesmo assim, tem livre-arbítrio para saciá-la ou para acomodar-se logo depois dos primeiros goles.

Nas antigas civilizações, a sabedoria sempre foi reverenciada. Os anciãos eram considerados sábios devido ao acúmulo de experiências obtidas ao longo da vida. Por isso eram sempre consultados pela população quando havia alguma dúvida ou impasse em relação a temas e situações variados. Observamos referências a essas práticas nos registros históricos e literários que trazem relatos sobre o passado de Roma e da Grécia, por exemplo. A *Bíblia* também é profícua em histórias que fazem menção a esse costume e ainda contém textos extremamente poéticos que dissertam sobre a sabedoria e todas as suas nuanças. No Eclesiastes, por exemplo – texto pertencente ao Antigo Testamento, mais precisamente aos seus Livros Poéticos ou Sapienciais –, vemos que a sabedoria tem uma profunda relação com o tempo e com a compreensão do seu ritmo, de sua cadência e de sua melodia, muitas vezes decodificada com extrema dificuldade pelos ouvintes da vida.

É o que vemos nas linhas e entrelinhas do fragmento a seguir, que extraímos do texto mencionado.

Tempo para tudo ou O tempo certo de cada coisa

Há um momento para tudo e um tempo para todo propósito debaixo do céu.

Tempo de nascer
e tempo de morrer;
tempo de plantar
e tempo de arrancar a planta.
Tempo de matar
e tempo de curar;
tempo de destruir
e tempo de construir.
Tempo de chorar
e tempo de rir;
tempo de gemer
e tempo de bailar.
Tempo de atirar pedras
e tempo de recolher pedras;
tempo de abraçar
e tempo de separar.
Tempo de buscar
e tempo de perder;
tempo de guardar
e tempo de jogar fora.
Tempo de rasgar
e tempo de costurar;
tempo de calar
e tempo de falar.
Tempo de amar
e tempo de odiar;

tempo de guerra
e tempo de paz.

Eclesiastes, cap. 3, v. 1-9

Temos de apurar nossos sentidos para captar e reproduzir toda a sabedoria do rio quando realiza seu percurso. Rio sábio que, em sua fluidez contínua, mesmo considerando as margens muito bonitas, tem de apreciá-las e reverenciá-las no exato momento de sua passagem. Da mesma forma, tem de permanecer altivo e cumprir a sua missão quando, durante o seu curso, transita por paisagens de beleza inferior à sua expectativa. Precisamos, assim como o rio, estar em sintonia com o tempo de que dispomos e com os ensinamentos que ele nos oferece. Tanto para o rio quanto para a humanidade, cada segundo é único e, após vivê-lo, simplesmente não há mais volta. Não há a menor possibilidade de rever a mesma paisagem ou situação. Tudo se modifica, mesmo de maneira quase imperceptível aos olhos dos homens.

No Livro de Jó, que, assim como o Eclesiastes, pertence aos Livros Poéticos ou Sapienciais da *Bíblia*, temos, por sua vez, um texto denominado "O elogio da sabedoria", que realiza um questionamento a respeito das dificuldades de todos os mortais para obtê-la em sua plenitude. De acordo com esse texto específico, a sabedoria só pode ser alcançada por meio de um único caminho: o temor a Deus. Já a conquista da inteligência depende de nossa habilidade para seguir os rumos corretos, desprezando os demais caminhos que possam surgir à nossa frente. Vejamos alguns desses belos versículos e atentemos para o modo como a sabedoria é totalmente divinizada nesse contexto em especial:

> Mas a Sabedoria, donde provém ela?
> Onde está o lugar da Inteligência?
> O homem não conhece o caminho,
> nem se encontra na terra dos mortais.
> Diz o abismo: "Não está em mim".
> Responde o mar: "Não está comigo".
> Não se compra com o ouro mais fino
> nem se troca a peso de prata,
> não se paga com o Ouro de Ofir,
> com o ônix precioso ou safiras.
> Não a igualam o ouro nem o vidro,
> não se paga com vasos de ouro fino.
> Quanto ao coral e ao cristal, nem falar!
> É melhor pescar a Sabedoria do que as pérolas.
> Não se iguala ao topázio de Cuch
> nem se compra com o ouro mais puro.
> Donde vem, pois, a Sabedoria?
> Onde está o lugar da Inteligência?

Está oculta aos olhos dos mortais
e até das aves do céu está escondida.
A Perdição e a Morte confessam:
"O rumor de sua fama chegou até nós".
Só Deus conhece o caminho para ela,
só ele sabe o seu lugar.
(Pois contempla os limites do orbe
e vê quanto há debaixo do céu.)
Quando assinalou seu peso ao vento
e regulou a medida das águas,
quando impôs uma lei à chuva
e uma rota para o relâmpago e o trovão,
ele a viu e avaliou,
penetrou-a e examinou-a.
E disse ao homem:
"O temor do Senhor, eis a Sabedoria;
fugir do mal, eis a Inteligência".

Jó, cap. 28, v. 12-28

Como vimos, o sabor do saber pode ser descrito de várias formas. O importante é atentar para o fato de que nem sempre é possível conhecer a mais requintada delas... Mas, respeitando o princípio de que o ser humano busca superar-se a cada momento, devemos procurar a sabedoria por toda a vida, sob pena de desprezarmos a valiosa oportunidade de dar um sentido pleno à nossa existência.

Para recordar a história: *A sabedoria de Salomão*

O Primeiro Livro dos Reis, um dos livros históricos da Bíblia, *narra a trajetória de Salomão, filho de Davi, rei cujas obras e feitos marcaram para sempre a história do povo de Israel. Após a morte de Davi, Salomão sucedeu-o no trono e, certa noite, Deus apareceu em sonho ao jovem soberano dizendo: "Pede o que eu devo te dar". Salomão, então, lembrou-se de todas as qualidades com as quais Deus presenteara seu pai, tornando-o um guerreiro especial, inteligente, sagaz e ousado, sem deixar de ser, ao mesmo tempo, um poeta sensível e um homem de caráter justo e honrado. Considerando a vida e os exemplos de seu antecessor, Salomão, com prudência admirável, solicitou ao Senhor: "Dá, pois, a teu servo um coração obediente, capaz de governar teu povo e discernir entre o bem e o mal. Do contrário, quem poderá governar este teu povo, que é tão numeroso?"*

O desejo do novo rei de Israel agradou a Deus justamente pela seriedade e pelo altruísmo que continha. Por isso a resposta divina a Salomão nos oferece uma amostra bastante elucidativa dos benefícios que podemos conquistar quando agimos motivados pela pureza de coração e de espírito: "Já que pediste esses dons e não pediste para ti longos anos de vida nem riquezas, nem a morte de teus inimigos, e sim sabedoria para praticar a justi-

ça, vou satisfazer o teu pedido. Dou-te um coração sábio e inteligente de modo que não houve igual antes de ti nem haverá depois de ti. E dou-te também o que não pediste: as riquezas e a glória, de tal modo que não haverá igual entre os reis durante toda a tua vida. E se andares nos meus caminhos e observares os meus preceitos e mandamentos, a exemplo de Davi, teu pai, eu te darei uma longa vida".

E assim Salomão reinou durante quarenta anos e passou à História como um rei dotado da mais alta sabedoria, capaz de julgar de forma justa e correta. Um sábio detentor de grandes conhecimentos. Um soberano habilidoso na arte de governar de forma pacífica e empreendedora a ponto de acumular, ao longo dos anos, numerosas riquezas e, mais importante, a consideração, o respeito e a estima de seus súditos.

De acordo com o texto bíblico, Salomão discorria com propriedade sobre os temas mais variados, despertando o interesse e a curiosidade dos povos de todas as nações, que enviavam representantes para vê-lo e ouvi-lo. Todos costumavam levar presentes ao rei, a quem também foi atribuída a autoria de três mil provérbios e cinco mil cânticos.

É bastante conhecida a história que versa sobre o famoso "juízo salomônico". A Bíblia *conta que certo dia duas meretrizes se apresentaram diante do rei com um bebê do sexo masculino exigindo, ambas, a guarda daquela criança. A primeira mulher explicou que ambas estavam grávidas e moravam na mesma casa. Ela dera à luz aquele menino. Três dias depois, a outra mulher também teve um menino que, certa noite, morreu sufocado porque a mãe adormecera sobre ele. A mãe do bebê morto teria, então, trocado os bebês enquanto ela dormia a sono solto com o filho saudável nos braços.*

A segunda mulher disse que essa versão era mentirosa e a criança viva era seu filho. Salomão ouviu atentamente a narração das duas mulheres e, logo em seguida, mandou trazer uma espada. Quando a arma chegou ao local da disputa, o rei declarou: "Cortai o menino vivo em dois e dai metade a uma e metade a outra". Foi então que a mãe verdadeira – a primeira mulher que havia contado a história – desesperou-se e gritou para que a criança fosse dada à mulher que estava mentindo. Esta, pelo contrário, dizia: "Não será nem teu nem meu. Podeis cortá-lo". Percebendo quem realmente nutria amor maternal pelo bebê, Salomão respondeu: "Dai o menino vivo àquela primeira, e não o mateis. Essa é sua mãe".

Esse episódio ficou conhecido por todo o povo de Israel, que passou a ter consciência da sabedoria do rei Salomão, do seu senso de justiça e da presença de Deus em todas as suas ações.

A sabedoria pode ser conquistada

"Saber é poder", diz o dito popular. Essa assertiva faz com que pensemos a respeito da importância do saber em nossa vida e de como ele pode nos abrir portas para as mais variadas conquistas. O saber é o instrumento que nos garantirá uma vida mais digna e nos proverá de um bem-estar essencial para a nossa felicidade. Até porque a arte do bem viver vai sendo adquirida, construída e solidificada ao longo do tempo e retocada, constantemente, pelos ensinamentos apreendidos. Nessa caminhada moral e espiritual – que nos conduz ao desenvolvimento ininterrupto –, o conhecimento é um bem por demais valioso. E é necessário muita dedicação e esforço para conquistá-lo de modo a torná-lo nosso aliado no enfrentamento das batalhas inerentes à condição humana.

O fato é que, desde o nascimento, vivenciamos as experiências mais diversas e, mesmo sem nos dar conta, vamos aprendendo e evoluindo de forma inconsciente, desordenada e desorganizada. De maneira gradativa, vamos recolhendo as peças capazes de nos garantir a montagem de um quebra-cabeça básico para a sobrevivência. Prova disso é que, primeiramente, nos familiarizamos com rostos, vozes, risos, cheiros e entonações – imagens, sons e sensações que compõem esse mosaico cujo sentido só procuraremos desvendar tempos depois, na maturidade. Dependendo do modo como absorvemos e trabalhamos essas informações fragmentadas, começamos a construir a nossa sabedoria.

É preciso lembrar que, a princípio, na fase inicial de nossa história pessoal, a natureza nos auxilia muito na medida em que nos concede o instinto, uma espécie de peça-chave sem a qual não poderíamos dar prosseguimento ao jogo da vida. É por meio dele que, quando bebês, choramos em alto e bom som para chamar a atenção sobre qualquer problema que possa nos atingir em nosso pequeno mundo ainda desprovido de considerações e argumentos racionais.

Choramos para pedir colo e afastar a solidão do berço, choramos quando temos fome, sede, dor... Em seguida, para que tenhamos mais autonomia e capacidade de ação, inconscientemente vamos esboçando os primeiros movimentos mais complexos para a infra-estrutura óssea de um bebê e para sua limitada coordenação motora. Assim, tentamos nos arrastar e, logo depois, descobrimos que podemos usar os joelhos e as mãos na realização de um processo denominado engatinhar. Esse estágio dura pouco... Desde muito cedo, é característica do homem não se dar por satisfeito, querendo sempre mais, avançando, superando seus limites, concretizando seus projetos e ideais.

Assim, caindo e levantando sucessivas vezes, conseguimos dar os primeiros passos em direção ao caminho infinito de nossas conquistas. É dessa maneira que vamos acumulando o que, gradativamente, se transforma em saberes. É uma busca árdua, mas gratificante. Uma procura sem fim, mas imprescindível.

A história bíblica do rei Salomão mostra a grandeza de um jovem sábio que, no momento em que teve a oportunidade de escolher o que quisesse, abriu mão de bens materiais, da possibilidade de se vingar dos inimigos e até da longevidade em benefício de algo realmente fundamental para a concretização de um reinado justo: a sabedoria. Seus aprendizados acumulados lhe proporcionaram uma consciência apurada e uma ampla visão dos valores essenciais. Ao pedir sabedoria a Deus, Salomão escolheu uma virtude capaz de fazer com que todos nós andemos seguros, aprumados, confiantes. Algo que nos afasta de vez do processo de engatinhar – concreta e metaforicamente.

O sucessor de Davi tinha a consciência de que essa virtude é composta de um misto de qualidades como idealismo, humildade, honestidade, coragem, esperança, compaixão, criatividade, respeito, fé. É ela, a sabedoria, que garante a iluminação de nossa trajetória e nos sustenta nos momentos de opressão e desespero. Um ditado oriental diz que "o sábio teme o céu sereno; em compensação, quando vem a tempestade, ele caminha sobre as ondas e desafia o vento". Essas palavras nos dão bem a dimensão de como o sábio é provido de autoconfiança, autocontrole e perseverança para resistir, para lutar e para superar suas limitações. O sábio dispõe, sobretudo, de ânimo e entusiasmo.

Esse espírito inabalável caracteriza os sábios, mas nem por isso os poupa do sofrimento e da dor que, não raro, resultam da luta pela realização de seus grandes ideais. Isso nos motiva a prosseguir mesmo quando já nos sentimos cansados e enfraquecidos pelas intempéries e pelos obstáculos do caminho.

Assim, é fundamental que os exemplos contidos nas histórias das grandes personalidades de todos os tempos nos estimulem a jamais abandonar nossa jornada. Uma jornada que, sem dúvida, poderá ser bem mais promissora se utilizarmos as virtudes como veículo para trafegar por ela.

Nesse sentido, entendemos que a atitude de Salomão de rogar a Deus por sabedoria é um modelo a seguir. Precisamos nos orientar, nos convencer da importância de valorizar as virtudes essenciais de maneira que estejamos preparados para esse caminhar sobre as ondas. Um caminhar altivo a ponto de desafiar os ventos sem temor.

Nesse caminhar, é necessário lembrar que a busca da sabedoria também demanda silêncio, interiorização e compreensão do tempo, como nos revela o livro do Eclesiastes. A impaciência e a pressa só prejudicam a percepção da verdade essencial das coisas. Não podemos ser como as crianças que, ávidas por continuar brincando, querem, como por encanto, que o machucado fique bom imediatamente. O sábio, pelo contrário, tem consciência de que todas as feridas levam certo tempo para cicatrizar.

Diferentemente daqueles que trilham os caminhos da sabedoria e que, por isso mesmo, têm a habilidade de escolher o momento certo para cada coisa, o impulsivo agride, grita, age de modo impensado, arrepende-se e, constantemente, exige demais dos outros, provocando infelicidade em seu redor. Até porque as pessoas insatisfeitas, mesmo sem perceber, projetam sua frustração naqueles que estão em volta. Já o sábio se abastece o tempo todo, se alimenta de suas experiências e das observações relativas às vivências alheias. Assim, não precisa exigir demais das outras pessoas. Ele automaticamente atrai para si aprendizes e discípulos valiosos que estão, dia a dia, indo em direção ao aprimoramento.

A respeito disso, é interessante pensar sobre o que pediriam os moços e as moças de nossa época se lhes fosse dada a mesma oportunidade oferecida ao rei Salomão. O que desejariam receber? O que considerariam mais importante na vida? O que solicitariam a Deus?

O fato é que a sociedade atravessa um momento paradoxal. De um lado, as crises, as incertezas, a inversão de valores, a violência extremada, o desrespeito e a intolerância. De outro – e aí reside a antinomia – a capacidade de mudar, a vontade de acertar e de, enfim, virar o jogo.

Prova disso é que milhares de organizações não-governamentais foram criadas para marcar o passo ritmado de uma sociedade verdadeiramente mobilizada, atuante e preocupada com o bem-estar coletivo, com a preservação do meio ambiente e com a gestão responsável das políticas públicas de modo geral.

O mais importante é que essa sociedade mais altruísta e dinâmica conta com a presença maciça dos jovens. As escolas, por exemplo, começam a ser invadidas por uma onda positiva e contagiante. Uma onda de amor, de afeto e de compaixão que contribui para a aquisição e a solidificação da cidadania, da consciência crítica e de apurado senso de justiça social – características que culminam com o desenvolvimento de potenciais diversos por parte dos estudantes.

São campanhas fraternas, trabalhos voluntários, arrumação e organização do próprio ambiente estudantil e, ainda, a criação de projetos voltados, em sua maioria, às comunidades carentes do entorno escolar. É um sinal de amadurecimento. Um indício de sabedoria. A sabedoria de cuidar do que é realmente essencial. Do individual para o coletivo e vice-versa.

Nas igrejas, nos hospitais e nas ruas, é maravilhoso perceber a imensa quantidade de pessoas que trabalham pelo bem de outras sem exigir nada em troca. É o espírito do bem que se manifesta na medida em que todo esse exército de cidadãos poderia ocupar seu tempo, seus esforços e sua energia em benefício dos próprios interesses.

É nosso dever incentivar essa mudança e prosseguir incutindo em nossos filhos, sobrinhos, netos e alunos lições e exemplos que contribuam sobremaneira para a formação de seu caráter – palavra que tem suas origens no termo grego *charakter*, cujo significado é "marcas resistentes". Moldar o caráter, manter os ensinamentos fundamentais realmente impregnados em nossos aprendizes é, por assim dizer, trabalhar na concepção e na confecção de peças artísticas, obras que demandam a dedicação especial e a paciência infinita de procurar ensinamentos e mecanismos que possibilitem sua elaboração ao longo do tempo. Um tempo que possa moldar seres humanos mais sábios, empreendedores e competentes... Seres que aparentem trazer em si a prudência, a temperança e a sensatez do rei Salomão.

O patinho feio e o valor do respeito

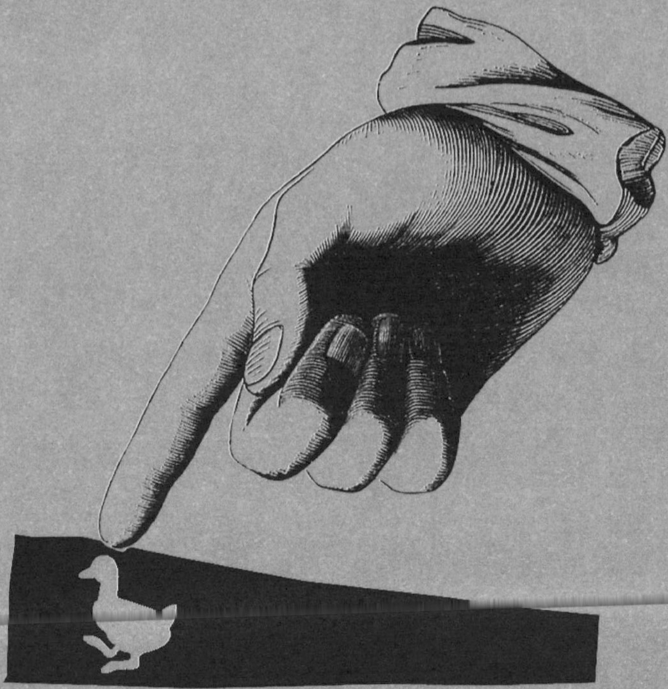

Se todo animal inspira ternura, o que houve, então, com os homens?

João Guimarães Rosa

Algumas considerações sobre o tema

A palavra respeito vem do latim *respectus*, que quer dizer "ação de olhar para trás; consideração, respeito, atenção, conta; asilo, acolhida, refúgio". Ao longo do tempo, o termo foi registrado como *respeyto*, *respeito* e *rrespecto*. No *Dicionário Houaiss da língua portuguesa*, o vocábulo tem as seguintes acepções: "ato ou efeito de respeitar(-se); sentimento que leva alguém a tratar outrem ou alguma coisa com grande atenção, profunda deferência; consideração, reverência; obediência, acatamento; modo pelo qual se encara uma questão; ponto de vista; o que motiva ou causa alguma coisa; razão; relação, referência; estima ou consideração que se demonstra por alguém ou algo; sentimento de medo; receio". No plural ("respeitos") designa homenagens, cumprimentos.

O conceito de respeito está intimamente ligado às ações que levam à prática do bem coletivo e favorecem a manutenção da paz, da união e da boa vontade entre os povos. Por natureza, seu emprego está aliado a virtudes de igual importância, como a sabedoria, a humildade e a simplicidade. É tênue a linha que o separa da igualdade e da fraternidade, posto que, comumente, esses valores coexistem, originando atitudes e sentimentos de rara beleza.

Geralmente, a noção de respeito está presente de forma implícita ou explícita em pensamentos e máximas populares que sintetizam as regras, as condutas, os padrões e as normas sociais que regem a humanidade, como nas frases-exemplo: "Não faça com o outro o que não gostaria que fizessem a você" ou "Respeito é bom e eu gosto". Frases como essas nos dão a dimensão da importância capital do respeito e, ao mesmo tempo, lembram a todos quanto essa virtude é fundamental para a vida em comunidade. Infelizmente, o seu emprego tem sido relegado a ponto de observarmos a ascensão do preconceito, da competitividade exacerbada, da banalidade dos relacionamentos, do materialismo e da ambição desmedida.

Em filosofia, as reflexões e os discursos proferidos sobre o respeito merecem destaque, como a passagem em que o grego Protágoras expõe suas considerações sobre o assunto: "(...) temendo que nossa estirpe se extinguisse, Zeus ordenou que Hermes trouxesse o respeito recíproco e a justiça para o meio dos homens a fim de que esses fossem princípios ordenadores das cidades, criando entre os cidadãos vínculos de benevolência"[4].

Para recordar a história: *O patinho feio*

O patinho feio *narra a história de uma ave cuja feiúra causava extremo desprezo entre seus familiares e os animais do lugar onde nasceu, mas que no final da trama consegue vencer as adversidades do destino, superando os obstáculos e provando sua superioridade. Hans Christian Andersen, nascido em 1805 na cidade de Odense, na Dinamarca, é o autor da saga da avezinha sofredora.*

Filho de um sapateiro e de uma lavadeira, Andersen teve uma infância pobre, que o privou do acesso a uma educação regular, mas ele sempre contou com o incentivo do pai, que, apesar da falta de instrução e da origem humilde, teve sensibilidade suficiente para estimular o jovem Andersen a cultivar o interesse pelo teatro e pela literatura. A mãe também teve importância decisiva na trajetória do autor, uma vez que permitiu a sua partida para Copenhague, capital da Dinamarca, com apenas 14 anos.

Em sua jornada rumo ao sucesso, Andersen foi cantor, ator e dramaturgo antes de tornar-se escritor. A persistência parecia fazer parte do rol de virtudes do autor. Prova disso é que seu primeiro livro, Tentativas juvenis *(1822), foi um fracasso, vendendo apenas dezessete cópias. Os demais exemplares foram comprados por um comerciante que os utilizou como papel de embrulho. Já sua segunda obra foi escrita após Andersen realizar uma longa viagem pela Europa em que reuniu o material necessário para a criação do bem-sucedido romance* The improvisatore *(1835).*

Apesar das raízes plebéias, o autor obteve passagem livre para freqüentar a corte, tornando-se figura constante nos salões do rei e da nobreza. Dentre suas histórias mais conhecidas, temos A roupa nova do rei, Polegarzinha, O rouxinol, A princesa e a ervilha, O valente soldado de chumbo, A sereiazinha, O sargento verde *e* A pequena vendedora de fósforos.

Os livros de Andersen tornaram-se um verdadeiro sucesso editorial, com reedições sucessivas tanto no Ocidente quanto no Oriente. Os textos, primorosos, são comumente acompanhados por belíssimas ilustrações, que contribuem para realçar a atmosfera mágica descrita magistralmente pela pena do artista dinamarquês.

A história de O patinho feio *tem início num lindo dia de verão em que a mamãe pata chocava seus ovos, aguardando ansiosamente o nascimento dos patinhos. Faltava pouco para que os ovos se partissem, mas a verdade era que ela já estava bastante cansada de ficar ali esperando pacientemente enquanto observava os outros animais caminhando, nadando e correndo livremente pelo campo. Talvez por isso quase não recebesse visitas, pois os outros patos gostavam mais de nadar que de permanecer sentados sob as árvores para tagarelar com ela.*

Finalmente, os ovos começaram a estalar e, um a um, os patinhos puseram as pequenas cabeças para fora e saltaram da casca. Dona Pata grasnou alegremente e deixou que os pequenos admirassem a paisagem. Todos, muito espantados, observaram como o mundo era grande. De repente, mamãe pata percebeu que um ovo, o maior deles, permanecia intacto. Meio chateada com a demora, ela decidiu chocá-lo mais um pouco e aproveitou para comentar o acontecido com uma velha pata que passava por ali. Olhando o ovo atentamente, a velha afirmou tratar-se de um ovo de perua devido ao tamanho exagerado.

Tempos depois, o ovo começou a estalar e, de seu interior, saiu um patinho muito grande e feio. Dona Pata olhou-o, entristecida, pensando tratar-se realmente de um ovo de perua. Resolveu, então, levar todos os filhotes para a água de modo a testar as habilidades aquáticas do estranho patinho. Todos se saíram muito bem, inclusive o patinho feio. Então a pata descartou aquela idéia do filhote de perua.

Todos os outros patos passaram a observar as diferenças entre o patinho feio e seus irmãos. Teciam comentários maldosos sobre sua feiúra, sua falta de elegância, seu jeito de andar. Um dos patos, inclusive, achou por bem bicar o filhote no pescoço, tamanha era a repugnância que o pobre bichinho lhe causava.

Mamãe pata pedia que o deixassem em paz, afinal era apenas um patinho estranho e indefeso. Quanto aos comentários sobre a feiúra do filhote, argumentava que ele nadava bem e talvez no futuro pudesse se assemelhar fisicamente aos demais. As intervenções da mamãe pata de pouco adiantaram porque o bichinho continuava a ser bicado e maltratado por todos. Até seus irmãos o aborreciam com comparações. A própria mãe, certa vez, desejou vê-lo bem longe.

Cansado de tantas humilhações e chacotas, o filhote resolveu partir mesmo sem saber que rumo tomaria. Nadou, caminhou ao relento, passou fome, sede, frio... Sofreu por ser alvo de tantas rejeições. Certo dia, chegou a um campo onde viviam patos selvagens. Exausto, decidiu passar a noite lá. Na manhã seguinte, viu-se cercado por essas aves selvagens, que também manifestaram repulsa em relação à sua aparência. Entretanto, permitiram que ele ficasse – desde que não se envolvesse com nenhuma pata. O patinho permaneceu no lugar durante dois dias até que uns gansos selvagens e mal-educados propuseram que ele servisse de divertimento para as gansas, que adorariam rir de sua esquisitice, num lago próximo dali.

Nesse momento, ouviram-se tiros. Caçadores estavam escondidos no arvoredo. Os cães farejavam em volta, alarmando o pobre patinho, que esperou muitas horas ali sentado até que a confusão cessasse. Assim que foi possível, fugiu correndo e, tarde da noite, chegou a um casebre miserável, cuja porta se abrira com o vento. Lá vivia uma senhora idosa, com um gato e uma galinha. A princípio, a velha, que não enxergava bem, pensou tratar-se de uma pata que pudesse lhe dar ovos. Após três semanas, o patinho foi observado e, ao ver que os ovos não apareciam, todos começaram a fazer pouco dele novamente. Aproveitando sua louca vontade de nadar e de tomar sol, ele resolveu ir embora. Atirou-se na água, nadou e mergulhou, sentindo-se mais calmo. Era outono e já havia no ar indícios do frio invernal. O patinho ficou amedrontado com a possibilidade de permanecer ao relento nessa situação.

Chegou o inverno. Uma tarde, quando o sol se punha, um bando de bonitos pássaros surgiu do arvoredo. O patinho nunca vira animais tão belos e imponentes. Eram cisnes de uma brancura maravilhosa, com pescoços longos e curvos. Admirado, o patinho observava o modo como abriam suas asas. Não os conhecia, mas sentia-se estranhamente atraído por eles. Imediatamente, pensou como seria bom ser tão bonito.

O inverno estava tão rigoroso que o patinho teve de nadar muitas vezes no lago para se aquecer. Mas o lago começou a congelar e ele ficou exausto. Um camponês que passava por ali viu a ave quase morta. Bondoso, o homem salvou o patinho, levando-o para casa e fazendo a alegria das crianças, porém o bichinho, que já vivera experiências tão ruins, estava morrendo de medo de ser maltratado novamente. Por isso meteu-se na panela do leite, esparramando-o para todos os lados. A mulher do camponês gritou e gesticulou nervosamente, assustando-o ainda mais. Então o patinho voou para a batedeira de manteiga, fazendo novo estrago. A mulher, aborrecida, quis bater nele com uma vara. As crianças corriam tentando segurá-lo. Vendo a porta aberta, o patinho saiu voando e, mais uma vez, acabou sozinho no meio da neve. Foi um inverno tristíssimo para ele.

A primavera, contudo, estava chegando e o sol começara a brilhar. O patinho, bem mais crescido, foi para o lago, sacudindo as asas com mais força do que antes. Voou até um belo e perfumado pomar. De repente, viu três cisnes que avançavam em sua direção, deslizando com suavidade pela superfície do lago. Eram os mesmos cisnes que ele vira voando. A vontade de voar até eles era tão grande quanto o temor de ser rejeitado por aquelas aves magníficas, mas o patinho acabou pensando que era melhor morrer atacado por eles que continuar a viver aquela vida de humilhações.

Assim, voou até os cisnes. Quando o viram, eles se aproximaram gentilmente, ruflando as asas. O pobre patinho baixou a cabeça, olhando para a água, e esperou. Foi então que, surpreso, viu sua imagem refletida na água. Ele não era mais aquele patinho feio, cinzento e desajeitado. Era um belo cisne! Ficou emocionado. Os cisnes grandes nadavam em sua volta, como se quisessem homenagear o novo membro do grupo. Algumas crianças logo apareceram trazendo pedacinhos de pão para eles e, encantadas, elogiavam a beleza e a juventude do novo cisne. Embora ele estivesse contente, não havia orgulho em seu bondoso coração. Lembrou-se de tudo o que sofrera e agradeceu a Deus ter encontrado tamanha felicidade!

Respeito: passaporte para um mundo melhor

Quem nunca se comoveu, chorou ou sofreu acompanhando as peripécias do patinho recém-nascido, pequeno e indefeso magistralmente criado por Hans Christian Andersen? Quem nunca teve vontade de protegê-lo, de aquecê-lo, de alimentá-lo, de trazê-lo – por força da magia – para casa? Tudo isso para que a avezinha abandonada à própria sorte não mais sofresse, não mais chorasse, não mais sentisse frio, angústia, desespero e solidão...

A riqueza da história de Andersen reside na capacidade de nos tocar profundamente, de despertar em nós o sentimento de amor ao próximo, de solidariedade e respeito às diferenças... Quando tomamos conhecimento dos infortúnios ininterruptos do patinho, é como se acordássemos para a necessidade de cuidar, de amar, de dedicar atenção a quem precisa, a quem está desamparado, carente, desprovido de apoio, deslocado, perdido, fora do ninho...

São ensinamentos e aprendizados dessa magnitude que fazem com que a narrativa atravesse os anos incólume, eternizada pelos valores que, implícita ou explicitamente, propaga. São qualidades que fazem de *O patinho feio* um dos contos clássicos mais difundidos e admirados da literatura universal. Uma trama bem amarrada pelas linhas da sedução e do encantamento provocados por uma história repleta de emoção, de beleza e de dor – características que refletem os dramas e as alegrias existentes na vida real.

O conto é rico em elementos e informações variados que nos levam a questionar, a analisar, a debater e a refletir sobre os significados presentes na saga do pequeno protagonista. Um protagonista ímpar porque representa um herói às avessas, rejeitado por todos, a começar pela mãe, pelos irmãos e pelos membros da comunidade onde nasceu. Todos execram sua aparência, sua personalidade e os trejeitos que o tornam diferente, único, irreconhecível aos olhos da maioria. O patinho é considerado um estranho, um representante do desconhecido, um modelo de excepcionalidade, um ícone do sujeito intruso que ameaça a ordem e os costumes estabelecidos.

Munido desses ingredientes, Andersen nos faz transitar pelas veredas complexas dos sentimentos ambivalentes. Esperamos, como espectadores e sobretudo como seres humanos que se projetam no universo das histórias e das suas personagens, a superação das adversidades experimentadas pelo patinho. Somos levados a acreditar numa virada positiva. Desejamos fortemente que, no fim, ele consiga vencer, mas para ter certeza disso devemos acompanhá-lo fielmente pelo universo negativo que pontua sua jornada. Um universo cheio de agressividade, de desdém, de preconceito e de intolerância – manifestações que jamais encontrariam eco se houvesse, tanto no conto de Andersen quanto na vida real, o respeito às diferenças e o entendimento da importância dessa atitude para o crescimento emocional e intelectual de todos.

O conto mostra as desventuras e os infortúnios vividos por um ser constantemente diminuído, com baixa auto-estima, enfraquecido por desconhecer sua verdade interior, sua essência, sua beleza própria e singular. Ao rejeitar o patinho por sua aparência diferenciada, as personagens do conto expõem o protagonista ao ridículo, ao descrédito, à destruição gradativa de sua autoconfiança e de suas perspectivas de futuro.

Na história, como na vida real, o preconceito de cor, gênero, credo ou classe social prescinde de lógica e de racionalidade para se estabelecer. Não há alegação plausível, não há diálogo, não há, por parte das pessoas intolerantes com o diferente, a capacidade de refletir sobre a importância do outro como peça fundamental do jogo social. Um jogo que necessita, acima de tudo, das relações de troca, de amizade, de interesses compartilhados e de aprendizado proveniente da convivência pacífica entre todos – independentemente da origem e da história pessoal de cada um.

Desde sempre, a intolerância, o desrespeito e o sentimento equivocado de superioridade defendidos por indivíduos ou grupos acarretam conflitos de toda espécie. São embates perpetrados de forma quase hereditária – conceitos arraigados que ocasionam o fanatismo e a irracionalidade. Tudo isso contribui para a criação de massas acríticas que desconhecem as vantagens do diálogo, do debate e da discussão civilizada. Massas que, por absoluta ignorância, acreditam ser a guerra e o ataque entre povos e nações o antídoto mais eficaz contra seus possíveis "inimigos".

E quem são e como são esses inimigos? Os fatos comprovam que, geralmente, são aqueles que ousam ter opiniões e modos de vida diferenciados... São aqueles que professam crenças diversas, que têm uma raça que, por algum motivo escuso ao entendimento racional, desagrada essas massas imunes à razão. O resultado de procedimentos como esses é, quase sempre, o conflito bélico, a ausência total de civilidade que propicia a destruição social e a morte de milhões de pessoas ao longo dos tempos.

Seja em casa, seja na escola, temos a responsabilidade e o dever de orientar nossas crianças e jovens para a aceitação do outro, para a compreensão de que condutas preconceituosas ou intolerantes só colaboram para a degradação das relações e para o desentendimento entre as pessoas. É preciso ensiná-los a respeitar a diversidade como algo inerente a um mundo pluralista, dinâmico, multicultural. Um mundo cuja diferença deveria ser encarada como algo absolutamente natural, conseqüência direta da variedade geográfica, política, econômica, ambiental e cultural que predomina de forma mais ou menos acentuada nos cinco continentes que compõem o globo terrestre.

Se pensarmos bem, todos poderemos vir a sofrer em maior ou menor grau os reveses vivenciados pelo patinho feio. Basta que sejamos expostos a culturas adversas e ortodoxas para ter grande probabilidade de ver nossos costumes, nossa aparência, nossa postura e nosso modo de agir serem alvo de represálias, ironias e sarcasmos – dependendo do lugar em que nos encontramos e das tradições vigentes nesse ambiente específico. Como nos sentiríamos? Como reagiríamos? Teríamos a força, a coragem e a determinação do patinho feio para seguir em frente a despeito das irregularidades do caminho? Continuaríamos nossa trajetória rumo a novos horizontes? Prosseguiríamos em busca de nossa identidade real ou esmoreceríamos, enfraquecidos pelos obstáculos?

Todos esses questionamentos devem ser propostos – por meio de histórias, exemplos e situações diversas – aos nossos aprendizes. Para criar cidadãos sem preconceitos, é preciso começar a educá-los ainda quando crianças, fazendo com que desenvolvam o respeito ao diferente por meio de máximas morais, contos e narrativas que instiguem avaliações e conclusões de que todas as pessoas merecem respeito, amor fraterno e tratamento digno.

Nossas crianças e jovens têm de compreender que a diversidade é extremamente benéfica. Até porque, se todos tivéssemos as mesmas crenças, as mesmas tradições, os mesmos modos de ver o mundo e as mesmas opiniões sobre tudo, como seria possível progredir em frentes variadas? Como seria possível aprender coisas novas? Qual seria a razão de existir senão pela maravilhosa aventura de nos saber únicos e, por isso mesmo, fascinantes aos olhos alheios? Qual seria a graça de um mundo culturalmente hegemônico? Quais seriam as surpresas reservadas a nós?

Filhos são diferentes, alunos são diferentes, amigos

são diferentes... Todos obedecem a um ritmo próprio. Cabe a nós respeitar a maravilhosa trama dos teares diversos. Tramas que produzem indumentárias vivamente coloridas e originais, sempre a partir da mistura de cores e tecidos. No dia-a-dia, o *nós* não inviabiliza o *eu* nem o *tu*. É preciso entender a mágica dessas misturas e o modo como enriquecem as confecções da vida.

Nesse sentido, educadores, pais e todos os que acreditam na importância dos valores essenciais para a formação de gerações mais conscientes e críticas devem propagar e demonstrar por meio de exemplos e ações que, independentemente das diferenças, todos temos necessidades físicas e psicológicas semelhantes. Todos precisamos de alimento para o corpo e para o espírito. Todos precisamos de um lar onde nos sintamos protegidos e amados. Um lar que nos guarde do mau tempo. Todos precisamos de afeto, de amor, de aceitação e de compreensão para desenvolver um caráter que nos torne dignos de exercer a inteligência e o livre-arbítrio concedidos quando nascemos.

Hans Christian Andersen soube mostrar ao mundo, por meio de suas belas histórias, quanto necessitamos uns dos outros, quanto um mundo sem preconceitos e sem intolerâncias de qualquer natureza poderia ser melhor, mais bonito, menos sofrido e menos perverso. Mas a mensagem de Andersen ainda vai além. A história de *O patinho feio* nos revela que, mesmo que o mundo esteja todo contra nós, mesmo que o sofrimento e a dor dêem o tom aos acordes de nossas vidas, mesmo que estejamos expostos às más condições do tempo, mesmo que estejamos sozinhos, ainda assim não devemos desistir de acreditar que poderemos ser felizes, ser aceitos, ser parte de algo maior...

Lembremos que, no final da história, depois de suportar todo tipo de aflição e amargura, o patinho depara com a beleza majestosa dos cisnes. Uma imagem que o seduz de forma tão arrebatadora que, apesar das numerosas rejeições que sofrera até então, decide tentar mais uma vez... Decide se aproximar do grupo e, ao fazê-lo e ser muitíssimo bem recepcionado, vê a própria imagem refletida na água e só então se dá conta da transformação pela qual passou. Percebe que também é um cisne belo e gracioso. Percebe que o destino pode nos reservar surpresas maravilhosas. Percebe, finalmente, que valeu a pena ter suportado tantos infortúnios para saborear aquele momento mágico.

Se analisarmos a história de Andersen de forma mais detida, veremos que o "patinho feio" nos ensina que não há crescimento sem sofrimento. Não há felicidade plena sem lutas, sem obstáculos. Não há sensação de pertencimento se não compartilhamos nossa vida, nossas experiências e nossos aprendizados com os que nos são ou não semelhantes. Não há como nos sentir iguais nem fraternos se alimentamos temores e receios em relação aos outros.

Por isso, ao ver os cisnes tão majestosos, o patinho resolveu arriscar tudo e voar em direção às aves... Quem sabe elas permitiriam sua presença? Quem sabe dividiriam seu espaço com ele? A mensagem de Andersen é clara: a despeito das experiências dolorosas, temos de continuar acreditando em nós mesmos e também nos outros – mesmo que, a princípio, eles pareçam tão diferentes. Temos de acordar para o fato de que todos podemos ser como cisnes belíssimos, prontos para aproveitar a primavera e para viver a doçura de uma vida harmoniosa e pacífica.

Estrela de jóias e o valor da solidariedade

É belo dar quando solicitado; é mais belo,
porém, dar por haver apenas compreendido.

Kahlil Gibran

Algumas considerações sobre o tema

Solidariedade. Uma palavra de dimensões cada vez mais grandiosas. Irmã caçula – de corpo e alma – da fraternidade, da igualdade, da justiça e do amor. Um dos símbolos máximos da nobreza de caráter. Exercício de bem-fazer. Possibilidade concreta de crescimento. Conceito que propicia a amplitude dos horizontes mais variados. Reunião de gestos, atitudes e ações capazes de tornar o mundo melhor.

O vocábulo solidariedade deriva do termo solidário, que, por sua vez, é composto de *sólido* + *ário*. O radical *solid* vem do latim *solidus*, cujos significados são "sólido, maciço, firme, inteiro, pleno; resistente (sentido físico e moral)". De acordo com os registros existentes, a palavra já foi grafada como *solidaridade*, em 1840, e como *solidariedáde*, em 1858.

Em português, o termo é classificado como substantivo feminino e possui numerosas acepções, como "caráter, condição ou estado de solidário; compromisso pelo qual as pessoas se obrigam umas às outras e cada uma delas a todas; laço ou ligação mútua entre duas ou muitas coisas ou pessoas, dependentes umas das outras; sentimento de simpatia, ternura ou piedade pelos pobres, pelos desprotegidos, pelos que sofrem, pelos injustiçados etc.; manifestação desse sentimento, com o intuito de confortar, consolar, oferecer ajuda etc.; cooperação ou assistência moral que se manifesta ou testemunha a alguém, em quaisquer circunstâncias (boas ou más); estado ou condição de duas ou mais pessoas que dividem igualmente entre si as responsabilidades de uma ação ou de uma empresa ou negócio, respondendo todas por uma e cada uma por todas; responsabilidade, interdependência; mutualidade de interesses e deveres; identidade de sentimentos, de idéias, de doutrinas; estado ou condição grupal que resulta da comunhão de atitudes e sentimentos, de maneira que o grupo venha a constituir uma unidade sólida, capaz de oferecer resistência às forças externas e, até mesmo, de se tornar mais firme ainda em face da oposição procedente de fora".

Em outras palavras, ser solidário é ter o coração comprometido com razões e emoções superiores às mesquinharias cotidianas, ao materialismo exacerbado, às pequenezas mundanas que podem sugar, aos poucos, a energia vital dos seres humanos. Como diz um velho provérbio chinês: "Fica sempre um pouco de perfume na mão de quem oferece rosas". O indivíduo solidário tem a mente voltada para as questões verdadeiramente essenciais. Ele está apto a doar, a oferecer ao outro uma dose considerável de si mesmo. É um pacto de irmandade. É a compreensão de que é possível compartilhar sem perdas... A certeza de que o auxílio mútuo é fundamental à concretização de um aprendizado mais do que importante: estamos aqui para dar e para receber felicidade.

A solidariedade perpetua e fortalece o elo que nos remete às nossas raízes mais ancestrais e aos nossos instintos mais primevos de preservação da espécie. Ser solidário é contribuir para uma ciranda contínua que preconiza, sobretudo, um vaivém coletivo de boas ações. É o mito do eterno retorno... Um círculo que jamais se comprime. Ao contrário, tende a se expandir freneticamente em proporções gigantescas. Boas ações propiciam boas reações e colaboram para o entendimento das coisas realmente essenciais. Fazer o bem sem olhar a quem é uma delas. A união, a capacidade de pensar e de se preocupar com o outro, a grandeza de entoar cânticos coletivos, e não individuais, o altruísmo em oposição ao individualismo, o coletivo pairando acima do egocentrismo... Essa é a verdadeira graça e a verdadeira poesia da vida. Poesia essa magistralmente descrita por João

Cabral de Melo Neto em seu belíssimo poema "Tecendo a manhã", do livro *Educação pela pedra*:

> Um galo sozinho não tece uma manhã:
> ele precisará sempre de outros galos.
> De um que apanhe esse grito que ele
> e o lance a outro; de um outro galo
> que apanhe o grito que um galo antes
> e o lance a outro; e de outros galos
> que com muitos outros galos se cruzem
> os fios de sol de seus gritos de galo,
> para que a manhã, desde uma teia tênue,
> se vá tecendo, entre todos os galos.
>
> E se encorpando em tela, entre todos,
> se erguendo tenda, onde entrem todos,
> se entretendendo para todos, no toldo
> (a manhã) que plana livre de armação.
> A manhã, toldo de um tecido tão aéreo
> que, tecido, se eleva por si: luz balão.

Que assim seja: que a solidariedade nos ensine a tecer as tramas luminosas e inquebrantáveis de novas e promissoras manhãs e que possamos, tal qual os galos descritos pelo poeta, cruzar os fios de sol que, sem dúvida, sustentarão as armações de horizontes coloridos, cheios de viço e de vigor.

PARA RECORDAR A HISTÓRIA: *ESTRELA DE JÓIAS*

Estrela de jóias *é um conto que expõe a solidariedade em toda a sua plenitude. A fonte dessa narrativa é* O livro das virtudes, *de W. J. Bennett. A história em si é uma adaptação do texto "The Star-Money", que integra o livro* Household tales, *dos irmãos Jacob e Wilhelm Grimm. Influenciados pelas coletâneas de Clemens Bretano e Achim von Arnim, os irmãos deram início ao trabalho especialíssimo de coletar contos e lendas populares, dedicando a vida à reunião e à organização dessas narrativas recolhidas da tradição oral. Seus livros contribuíram para que os leitores de toda a Europa e, em seguida, de todo o mundo pudessem conhecer as histórias encantadas que retratam temas de apelo universal e acabam por sintetizar os desejos e as expectativas mais diversas que compõem o inconsciente coletivo.*

Os irmãos Jacob e Wilhelm Grimm nasceram em Hanau, Alemanha, em 1785 e 1786 respectivamente. A família era numerosa – nove irmãos, dos quais três morreram de forma precoce, ainda na infância – e sofreu um duro golpe com a perda do pai, o advogado Philipp Wilhelm Grimm, falecido aos 44 anos. Jacob e Wilhelm, na época com 13 e 14 anos, foram morar com uma tia em Kassel, cidade natal da mãe dos meninos, Dorothea Grimm. Lá, concluíram estudos equivalentes ao ensino médio de hoje.

Os jovens Grimm cursaram Direito na Universidade de Marburg. Alguns anos depois, com a morte da mãe, precisaram trabalhar como bibliotecários para ajudar no sustento dos irmãos menores. Com o passar dos anos, adquiriram o respeito de todos devido ao trabalho desenvolvido na área de lingüística, às pesquisas sobre temas medievais e aos estudos relativos ao folclore. O reconhecimento veio ainda em forma de convites para que trabalhassem como professores e bibliotecários em outras universidades do país.

Em 1812, os irmãos publicaram o primeiro volume de seus Contos de fadas. *Já os dois volumes da obra* Lendas alemãs, *contendo 585 lendas, vieram a público entre 1816 e 1818. Seguiram-se várias publicações bem-sucedidas até o fim de suas vidas. Wilhelm Grimm faleceu em 16 de dezembro de 1859, aos 73 anos, e Jacob Grimm, em 20 de setembro de 1863, aos 78.*

Desde essa época, o trabalho desses dois autores imprescindíveis à literatura mundial continua cativando inúmeros leitores a cada nova geração. Não raro, suas histórias têm protagonistas maravilhosos que transmitem ensinamentos e mensagens capazes de nos fazer acreditar que o ser humano pode e deve ser o semeador e o gestor de tempos verdadeiramente mais justos, fraternos e igualitários. Foi esse o motivo que nos levou a escolher o conto Estrela de jóias *para encerrar este livro. A grandiosidade da personagem principal nos leva a refletir não só sobre nossas ações cotidianas mas também sobre nossa postura diante da vida de modo geral. É uma narrativa que nos convida, principalmente, a enxergar as necessidades do outro e a sentir suas dores mesmo que nós também estejamos bastante feridos. Não é uma lição fácil de apreender, mas é essencial fazer essa tentativa.*

Estrela de jóias *narra a trajetória de uma pequena órfã que vivia com a avó em condições praticamente subumanas. A pobreza era tão excessiva que não havia como suprir as necessidades mais básicas, como alimentação e vestuário. A menina, entretanto, nutria a forte esperança de, por meio do trabalho, modificar aquele quadro precário em que viviam.*

Certo dia, a garotinha saiu para buscar lenha na floresta com o intuito de vender os gravetos na vila mais próxima e, assim, poder ganhar algum dinheiro. Precavida, levou no bolso um pedaço de pão porque sabia que teria um longo dia pela frente. Levou também um xale para proteger-se do frio intenso do inverno. Algum tempo depois, ao caminhar pela floresta e já sentindo a fome chegar, a menina deparou com um menino ainda menor do que ela chorando, encolhido, embaixo de uma árvore. Ao se aproximar e perguntar o motivo daquelas lágrimas tão sentidas, a menina ouviu a seguinte resposta: "Estou com muita fome. Não comi nada hoje e não faço idéia de como conseguir alimento". Compadecida, a garota concluiu que o pequeno companheiro de infortúnios devia estar ainda mais faminto do que ela e, dessa forma, achou por bem dar-lhe o seu único pedaço de pão.

Depois disso, ela prosseguiu no percurso e, um pouco mais adiante, encontrou uma garotinha de aparência ainda mais miserável que a do menino que a impressionara anteriormente. As roupas da menininha estavam em frangalhos e sua pele tinha um aspecto azulado pelo excesso de frio. A pobre garotinha suplicou por ajuda. Era visível que, se não fosse socorrida, certamente morreria congelada. Com o coração apertado pelo sofrimento que mais uma vez presenciava, a menina pensou não ser correto ter um xale e um vestido que a aqueciam enquanto aquela garotinha possuía apenas trapos. Decidiu então tirar o vestido e dá-lo à pequenina que estava à sua frente. Feito isso, enrolou-se no xale, tentou ignorar o frio e retomou sua trajetória.

A menina já estava próxima do local onde encontraria lenha quando avistou uma velhinha curvada que, com dificuldade, catava gravetos do chão. Sua figura cansada, sua pobreza evidente, seu rosto enrugado – tudo entristecia e enternecia a piedosa menina. Ao vê-la mergulhada nessas observações, a pobre velhinha queixou-se de quanto doíam seus ossos e mencionou como seria bom ter um xale que a deixasse mais aquecida.

Sem pestanejar, a menina entregou o xale à velhinha, ficando apenas com um aventalzinho. Algo incrível aconteceu... Caminhando por aquela floresta gélida e já sem comer havia muito tempo, a menina não mais sentia frio nem fome. Algo superior parecia envolvê-la... Um fenômeno inexplicável a protegia depois de ter demonstrado tanta solidariedade, tanto amor ao próximo, tamanha generosidade para com os semelhantes. Amparada por essa sensação singular, a menina recolheu a lenha e tomou o rumo de casa.

A noite se aproximava. As primeiras estrelas surgiram. Foi então que um velho apareceu em seu caminho e, sem meias palavras, disse: "Preciso dessa lenha. Estou velho e sem forças para procurar gravetos na floresta". A menina, comovida, não conseguiu negar-lhe o pedido. Entregou-lhe a lenha e já se imaginava voltando à floresta para pegar mais. Imediatamente, porém, o velho desapareceu e um anjo iluminado surgiu no seu lugar para oferecer à menina tudo o que ela merecia após ter demonstrado tanto altruísmo e uma imensa capacidade de doação. Foi então que, nesse exato momento, as estrelas do céu pareceram se desmanchar em luz por toda a floresta, que passou a brilhar intensamente. Ao olhar de forma mais detida, porém, a menina percebeu que não se tratava de uma chuva de estrelas. Eram pedras preciosas que cobriam o chão: diamantes, esmeraldas, rubis... Jóias sobre as quais o anjo reluzente revelou: "São suas. Pegue-as".

A menina, encantada com a cena e com o coração

transbordando de alegria, usou seu avental para recolher a maior quantidade possível daquelas pedras que, naquele instante, representavam numerosos sonhos lapidados. Quando deu por si e buscou novamente a visão do anjo, ele já havia desaparecido. Mais do que depressa, a menina correu para casa a fim de mostrar o tesouro à avó. Era muita felicidade. A partir daquele dia, avó e neta puderam levar a vida com que sempre haviam sonhado e, melhor ainda, permaneceram desfrutando o amor de todas as pessoas que cruzaram seu caminho.

Solidariedade: uma jóia de valor inestimável

Ela costuma se fazer presente nos momentos mais difíceis e reina absoluta na hora em que tudo o mais parece já estar perdido... Quando não se encontra solução para os problemas, as dores e angústias sem os quais a experiência da existência não seria completa. Seja nos dramas particulares, seja nos dramas coletivos, ela é mais do que necessária: é definitivamente indispensável. Trata-se da solidariedade – espécie de deusa travestida das mais variadas formas para atender aos mortais em sua intensa fragilidade física, em seus diversos conflitos espirituais... Sentimento que comumente brota dos corações mais fraternos para prestar socorro aos homens, às mulheres, às crianças, aos animais e a todos os seres que podem, num momento qualquer, precisar do apoio, do amparo e do auxílio de outros seres, semelhantes ou não.

Se pensássemos num registro pictórico da solidariedade, talvez pudéssemos representá-la como um ser alado – um anjo – cuja missão é permanecer ao lado dos necessitados, atento, pronto a intervir a qualquer momento com gestos e ações de extrema amorosidade... Ela é o ombro amigo, o abraço certo, o porto seguro. Assim como o amor – um dos seus irmãos –, a solidariedade "tem razões que a própria razão desconhece". Não há impedimentos nem fronteiras que a impeçam de se manifestar. Ela enxerga possibilidades onde muitos só vêem barreiras, obstáculos e empecilhos que, à primeira vista, aparentam ser intransponíveis... Nas guerras sangrentas, nas batalhas perdidas, nas catástrofes naturais de toda ordem, nos desastres de proporções gigantescas, nas lutas civis mais encarniçadas, na edificação dos sonhos e dos ideais mais ousados, nos momentos de perda, de desilusão, de desespero... Ela, a solidariedade, nos fortalece e nos faz olhar em direção ao futuro, ao novo dia, aos novos amanhãs que poderão amenizar o sofrimento e as dúvidas do hoje, oferecendo a esperança e o conforto imprescindíveis ao reinício, às novas jornadas.

A existência da solidariedade brinda a todos com a certeza de que a humanidade pode e deve dar passos gigantes em direção a um futuro sempre melhor do que o presente. Como vimos na história *Estrela de jóias*, não há limite de idade para que ela se apresente em sua plenitude. Crianças, jovens, adultos, idosos, em todas as faixas etárias a solidariedade pode ser dada e recebida em doses generosas. O certo, entretanto, é que ela sempre proporciona uma troca de energia, uma troca de afeto, uma troca fraterna em que prevalecem o ganho mútuo e a certeza de que não podemos jamais ter a pretensão de prescindir do outro. Dito de outra forma, a vida nos leva a acreditar que existir é, antes de tudo, coexistir.

Doar um pouco do que temos não significa restringir essa atitude apenas aos bens materiais. É verdade que, de forma objetiva, a protagonista do conto dos irmãos Grimm expressou sua solidariedade por meio da doação do pão, do vestido, do xale e do feixe de lenha, mas, se analisarmos as entrelinhas, o que temos no conto é apenas a representação simbólica de uma doação muito maior e melhor. Veremos que a personagem presenteia crianças e idosos com a doação de calor humano, de carinho, de respeito e de extrema consideração pelas necessidades do próximo.

O pão que alimenta o corpo, o agasalho que aplaca o frio, o tempo que dedicamos a ouvir as dores alheias, a cuidar dos que carecem de atenção... O olhar verdadeiramente terno que depositamos naqueles que – também com os olhos – suplicam por auxílio... A mão que se estende, que afaga, o braço que envolve, o trabalho voluntário que muitos têm aprendido a exercer... Trabalho que orienta, que oferece um norte, uma possibilidade, um futuro.

Solidariedade é uma palavra transformadora. Uma palavra impregnada de força, de singeleza, de dedicação, de espírito de entrega – características e sentimentos imprescindíveis à vida em sociedade e, por isso mesmo, perfeitas para ilustrar a importância de propagar esse conceito e os benefícios de seu exercício aos quatro ventos.

Na família, na escola, no trabalho, nos momentos e nas situações mais variados da vida... Sempre há uma forma de agir a serviço de quem está em nossa volta ou mesmo de quem está longe e atravessa uma situação difícil. Nesse sentido, a participação e o empenho de todos na doação de mais tempo, mais amor, mais afeto e mais recursos que proporcionem uma vida mais digna aos seus semelhantes são fundamentais. Essa é, talvez, a maior resposta às grandes questões universais: "Por que e para quê?"

Quando doamos, estamos exteriorizando um gesto capaz de mudar para sempre, e para melhor, uma história de vida – tanto a história da nossa vida quanto a da vida do outro. E o mais impressionante: às vezes, a doação permite mudar, ao mesmo tempo, milhares, milhões de vidas. Foi assim quando Sherazade se entregou voluntariamente ao sultão Shariman... Foi assim quando

Damon se ofereceu para ficar preso no lugar de Pítias... Foi assim quando Dom Quixote decidiu doar sua vida à aventura da cavalaria para proteger os fracos e os oprimidos... Foi assim quando Davi decidiu doar sua coragem empregando-a em prol de uma causa nobre: a defesa da honra de seu povo... Foi assim quando a família de Fabiano decidiu iniciar sua jornada esperançosa rumo a uma vida menos seca... Foi assim quando Hércules decidiu doar toda a sua força e toda a sua inteligência em defesa do trabalho justo, digno e honrado que enobrece a todos... Foi assim quando Cinderela doou toda a sua humildade na expectativa de vencer e de realizar seus sonhos sem esnobismo, orgulho, ódio nem qualquer desejo de vingança por tudo o que sofrera... Foi assim quando o rei Salomão abdicou de todos os ganhos materiais que poderia obter em seu pedido a Deus em troca de um bem muito mais nobre, a sabedoria... Foi assim quando o patinho feio doou, para todos nós que lemos a sua história, ensinamentos preciosos sobre o respeito e sobre a aceitação do outro... Foi assim quando a menina de *Estrela de jóias* doou tudo o que tinha em troca da sensação de poder fazer o outro feliz... A sensação de ter o coração limpo, a sensação do dever cumprido. A sensação de antecipar o lema proveniente dos versos de um famoso poeta, Fernando Pessoa: "Tudo vale a pena se a alma não é pequena".

Nossas crianças e jovens têm, cada vez mais – graças

ao verdadeiro exército de agentes solidários que hoje existe no Brasil –, as condições de apreender o papel social que todos podemos desenvolver na construção de uma família, de um bairro, de uma cidade, de um Estado ou de um mundo mais fraternal. Há uma campanha lindíssima que vem tomando corpo nas escolas, entidades, associações, organizações públicas e privadas em torno da criação de uma sociedade mais participativa, menos individualista e mais altruísta. Esse é, sem dúvida, um belíssimo exercício de cidadania na medida em que proporciona a oportunidade da descoberta... A descoberta de que estamos aqui para aprender a compartilhar e para construir um mundo em que a igualdade, a fraternidade e a justiça sejam, mais do que belas palavras, uma esplendorosa realidade.

Post-scriptum: A ópera, o maestro e os músicos

Um dos maiores mestres das letras nacionais – se não o maior –, o escritor fluminense Joaquim Maria Machado de Assis, em seu clássico *Dom Casmurro*, mais especificamente no capítulo 9, faz uso de sua pena inigualável para construir uma associação inusitada e – por ser ele o seu criador – extremamente bem-sucedida em termos de estilo, de ironia e de poesia. O "bruxo do Cosme Velho" – como ficou conhecido – faz uma analogia entre a criação da vida no planeta Terra, com seus personagens complexos e multifacetados, e uma ópera, com todos os seus músicos, cantores, bailarinos e, é claro, seu maestro.

Em determinado trecho do capítulo, o autor – por meio de uma das personagens que dão vida ao romance – dispara: "Deus é o poeta. A música é de Satanás, jovem maestro de muito futuro, que aprendeu no conservatório do céu. Rival de Miguel, Rafael e Gabriel, não tolerava a precedência que eles tinham na distribuição dos prêmios. Pode ser também que a música em demasia doce e mística daqueles outros condiscípulos fosse aborrecível ao seu gênio essencialmente trágico. Tramou uma rebelião que foi descoberta a tempo e ele foi expulso do conservatório"[5].

A seqüência do capítulo é um primor de originalidade, de graça e de inteligência. No texto, Machado de Assis usa a explicação religiosa do surgimento da vida na Terra como pano de fundo de uma análise dos motivos pelos quais alguns trechos dessa verdadeira ópera que configura a nossa existência são tão belos e bons, enquanto outros são tão díspares, desafinados e contrastantes.

Em sua genialidade singular, o criador de Bento, Capitu, Brás Cubas, Quincas Borba e tantos outros personagens inesquecíveis nos incita à reflexão sobre os altos e baixos da vida, sobre as virtudes e os defeitos inerentes à condição humana, sobre os erros e os acertos decorrentes dessas variações, sobre os dramas e as comédias que se resumem, enfim, a essa mistura de música e de poesia. No capítulo em questão, os descompassos dessa ópera composta pelo anjo caído – que queria provar sua superioridade aos demais anjos e, por isso, utilizou todo o seu talento na composição – são atribuídos à recusa divina em escutar os ensaios propostos pelo mais rebelde dos seres, que suplicava, arrependido, a audiência do Padre Eterno e, com isso, um possível perdão para voltar aos céus. Deus, cansado mas repleto de misericórdia, permitiu que a ópera fosse executada, sim, mas num teatro fora do céu. E, para isso, criou o planeta Terra.

Essa metáfora nos leva a imaginar quanto a melodia da vida pode nos surpreender, seja nos assustando com suas dissonâncias, seja nos espantando positivamente com seus acordes encantadores. O fato é que Machado de Assis foi sábio ao levantar a hipótese de que tudo é poesia e, sendo assim, o bem e o mal passam a ser encarados como versos que complementam a mesma estrofe. Desde tempos imemoriais tem sido assim: a junção e a luta eterna entre ambos – bem e mal – é que proporcionam a cadência e o ritmo necessários à história da vida.

Pedindo a devida licença ao autor de *Dom Casmurro*, neste *Pedagogia do amor* nossa intenção foi justamente expor a crença de que é possível viver de forma mais harmônica e feliz desde que saibamos mudar os aspectos negativos e dissonantes não apenas sobrevivendo a eles, mas transformando-os em aprendizados melodicamente positivos. Devemos apreender essas lições com competência suficiente para que elas sejam transmitidas às novas gerações de forma sincera, serena e verdadeiramente eficaz.

O capítulo "A ópera", de *Dom Casmurro*, é mais

uma das histórias que mostram de maneira magistral a dualidade da vida em toda a sua essência e o modo como podemos interpretá-la das mais variadas formas. Assim como podemos nos dar por vencidos e tapar os ouvidos nos momentos de desafinação, podemos também assumir a regência da orquestra e conduzir um novo e memorável concerto.

As grandes histórias de todos os tempos contêm ingredientes imprescindíveis para que essa regência ocorra da melhor forma possível. Virtudes, valores e sentimentos como o amor, a amizade, o idealismo, a coragem, a esperança, o trabalho, a humildade, a sabedoria, o respeito e a solidariedade são alguns dos instrumentos fundamentais ao bom andamento dessa orquestra magnífica que é, sem sombra de dúvida, o cerne da ópera da vida.

Barítonos, sopranos, contraltos, tenores... Somos todos componentes de um majestoso espetáculo. Mestres e aprendizes da arte de extrair os melhores sons e os melhores acordes. Esperamos, de coração, que todas as histórias sobre as quais nos debruçamos, fascinados, neste livro possam servir como partituras repletas de notas que nos possibilitem alcançar um tom, digamos, dual. Um tom que nos embale tanto nos momentos felizes quanto nos momentos difíceis. Esse é um aprendizado que leva tempo, mas as histórias aqui reunidas comprovam: todo esforço e todo sacrifício são, com certeza, compensadores e, no final, acabam sempre originando muitos aplausos.

Referências bibliográficas das histórias

As mil e uma noites

Galland, Antoine. *As mil e uma noites*. Apresentação de Malba Tahan. Rio de Janeiro: Ediouro, 2000.

Damon e Pítias

Bennett, William J. *O livro das virtudes*. Vol. 1. Rio de Janeiro: Nova Fronteira, 1995, pp. 207-208.

Dom Quixote

Angeli, José. *Dom Quixote: o cavaleiro da triste figura* (adaptação). São Paulo: Scipione, 1985.

Davi e Golias

Bíblia Sagrada. Tradução da CNBB. São Paulo: Várias editoras, 2002.

Vidas secas

RAMOS, Graciliano. *Vidas secas*. 51. ed. Rio de Janeiro: Record, 1983.

A escolha de Hércules

BENNETT, William J. *O livro das virtudes*. Vol. 1. Rio de Janeiro: Nova Fronteira, 1995, pp. 269-270.

Cinderela

BETTELHEIM, Bruno. "Borralheira". In: *A psicanálise dos contos de fadas*. 16 ed. São Paulo: Paz e Terra, 2002, pp. 277-316.

O rei Salomão

BÍBLIA SAGRADA. Tradução da CNBB. São Paulo: Várias editoras, 2002.

O patinho feio

ANDERSEN, Hans Christian. *Histórias maravilhosas de Andersen*. São Paulo: Companhia das Letrinhas, 2001, pp. 106-119.

Estrela de jóias

BENNETT, William J. *O livro das virtudes*. Vol. 2. Rio de Janeiro: Nova Fronteira, 1995, pp. 335-336.

Notas

1 Todas as definições de vocábulos, neste e em outros capítulos, foram extraídas do *Dicionário Houaiss da língua portuguesa*.

2 Aristóteles. *Os pensadores*. São Paulo: Nova Cultural, 1996, pp. 257-258.

3 In: Abbagnano, Nicola. *Dicionário de filosofia*. 3. ed. São Paulo: Martins Fontes, 1999, p. 966.

4 Idem, ibidem, p. 854.

5 Machado de Assis, Joaquim Maria. *Dom Casmurro*. 39. ed. Rio de Janeiro: Ediouro, 2000, p. 28.

Bibliografia

Abbagnano, Nicola. *Dicionário de filosofia*. 3. ed. São Paulo: Martins Fontes, 1999.

Agostinho. *Confissões*. Col. Os Pensadores. São Paulo: Abril Cultural, 1973.

Alves, Rubem. *Entre a ciência e a sapiência – O dilema da educação*. São Paulo: Edições Loyola, 1999.

Aristóteles. *Tópicos/Dos argumentos sofísticos/Metafísica/Ética a Nicômaco/Poética*. São Paulo: Abril Cultural, 1973.

Bettelheim, Bruno. *A psicanálise nos contos de fadas*. 16. ed. São Paulo: Paz e Terra, 2002.

Bulfinch, Thomas. *O livro de ouro da mitologia;* Histórias de deuses e heróis. 12. ed. Rio de Janeiro: Ediouro, 2000.

Chalita, Gabriel. *Vivendo a filosofia*. São Paulo: Atual, 2001.

Houaiss, Antônio. *Dicionário Houaiss da língua portuguesa*. Rio de Janeiro: Objetiva, 2001.

LAJOLO, Marisa. *Do mundo da leitura para a leitura do mundo*. 3. ed. São Paulo: Ática, 1997.

MACENA, Elon. *Os contos tradicionais como recurso psicopedagógico*. Dissertação de mestrado. São Paulo: Universidade de Guarulhos, 1997.

RODARI, Gianni. *Gramática da fantasia*. 9. ed. São Paulo: Summus Editorial, 1982.

SCHWAB, Gustav. *As mais belas histórias da antigüidade clássica;* Os mitos da Grécia e de Roma. 5. ed. São Paulo: Paz e Terra, 1997.

SESC. O chão de Graciliano. São Paulo: Sesc, 2003.

TARDELI, Denise D'Aurea. *A invenção da sala de aula – O melhor do Bolando a Aula*. Petrópolis: Vozes, 2002.

VOGLER, Christopher. *A jornada do escritor – Estruturas míticas para contadores de histórias e roteiristas*. Rio de Janeiro: Ampersand Editora, 1992.